JN438901

뚜벅이 시학

풍자와 시의 만남

어느 소년의 비구상화

[표제 시]

뚜벅이 시학

어머니의 품에서부터
뚜벅뚜벅
시시포스의 언덕은
길었으나

그러려니
되는대로
거시기하게 살다 보면

어느 소년의
비구상화처럼

운명도
순응할
결이 되는 듯

인생은 감동일 수도
그러나 항상

뚜벅뚜벅

■ 첫 시집을 내면서

설핏, 해 질 녘 두려움에 내려놓을 무엇을 챙기다가 따라온 그림자마저 희미해서 아무것도 가진 것이 없다는 자각!

"인생 칠십이면 마음이 가는 대로 행하여도 법도에 어긋남이 없다. 종심소욕 불유구從心所慾 不踰矩"라는 공자님의 말씀은 저에게 맞지 않는 것 같습니다. 글뿐만이 아니라, 생각과 행위로서 무엇 하나 제대로인 것이 없다는 조급함이 수치심을 밀어냅니다. 눅눅한 종이 부스러기와 여기저기 산만한 파일들을 되작여 보았습니다. 아무 페이지나 펼쳤을 때 누군가 말을 걸어올 것 같은 좋은 시!- 과연 세상에 무엇인가를 더해 줄- 그런 시란 좋은 사람이라야 쓸 수 있는 것인가? 아니면, 좋은 시를 쓰면서 좋은 사람이 되어 가는가?

"그럭저럭 되는대로 거시기하게" 살다 보니 어지간히 단련이 되었나 봅니다. 혼자만의 글 보자기 속에서 뭉그적이고 있는 잡동사니들을 버리자니 아깝다는 욕심으로 저의 남루를 이제 와서 세상에 내놓으려고 하니 두렵습니다.

참으로 염치없고 뻔뻔한 작위로서 그나마 70 평생 자연히 햇볕에 그을려 두꺼워진 얼굴이 다행입니다. 망가지는 김에 100세 시대라는 무망한 기시감으로 '지금부터라도…'라는 새김질이 작은 위안이 되는 것 같습니다.

대개의 삶이 그렇듯, 놓치고 살아온 기쁨이나 슬픈 순간의 생각, 애증의 세월마저도, 이렇듯 글로써 남겨두지 못한다면, 허망할 것이라는 생각을 해봅니다. 특별할 것도 없는 풍자와 유머, 삶을 버무려 놓은 낯선 글 부스러기들이지만, 모아놓고 보니 풍자시 묶음이 됐습니다. 등단 이후 아픈 친구나 둘레에 액자 하나씩 만들어 주면 좋아해 주었던 것처럼, 이 시집을 통하여 독자 여러분께서도 '이렇게 대강 사는 사람도 있구나!' 하는 작은 위안이 되기 바랍니다.

하냥, 나의 곁을 묵묵히 지켜봐 준 사랑하는 아내, 샘물 같은 시현, 지민, 지오와 자랑스러운 딸들 세정, 세령, 세은과 함께 이 기쁨을 나누고 싶습니다. 깜짝 좋아해 줄 형제자매(덕심, 덕순, 용식, 주식, 주연—많기도 하지만, 이름도 각양각색 ㅋㅋㅋ)들에게 혹시, 가문에 누가 되는 것이라면 용서를 바라고, 마냥 움츠려 숨어 있고 싶은 저에게 용기를 주시고 수고해주신 '그림과책' 손근호 발행인님과 편집장님께 감사드립니다. 특히 미급하기 짝이 없는 졸작을 개의치 않으시고 기꺼이 작품해설발문에 응해주신 조선대학교 평생교육원 노창수 교수님께 진심으로 감사드립니다.

2019년 8월 늦깎이 시인

글탐 강영준

차 례

1부 그러려니

2부 되는대로

3부 거시기하게

4부 사랑으로

5부 뒤돌아보면

1부 그러려니

운명

귀머거리 삼 년
벙어리 삼 년
많이 들어본 말이지

그러려니 살다 보면
안 그렇게 되는 법 없다고
시집가는 딸에게 어머니가
운명처럼 말씀하신 거다

술에 술 탄 듯
물에 물 탄 듯

이제 그만 맡기고
그렇게 살지 말라는
말 같기도 하고

그냥 오는 것은 없다

가을
행운
그리운 임

사위어 재가 될 만큼
뜨거운 여름
그런 고통마저
견뎌낸 후라야

기다림의 다리를 건너
사랑도
오는 것처럼

그냥 오는 것은
없다

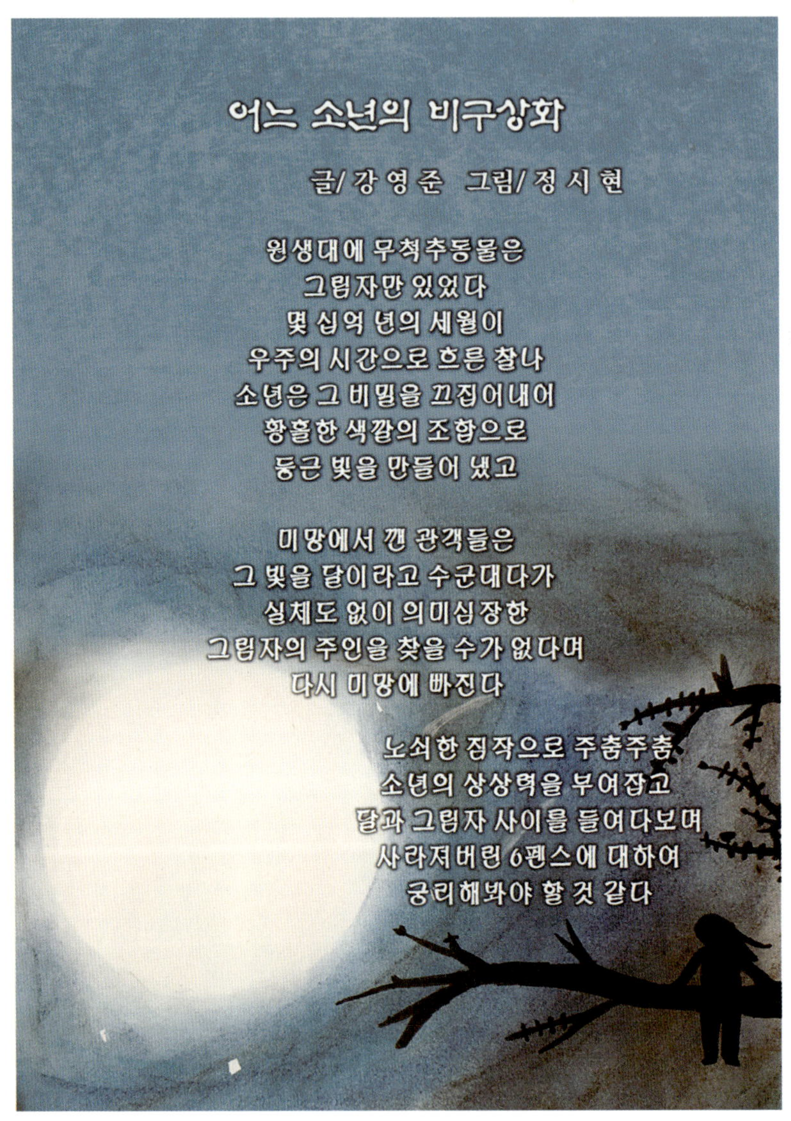

*외손자 정시현의 그림을 보고

돌아가는 인생길

사노라면 누구나 한 번쯤

이리 갈까 저리 갈까 갈림길에서

같은 듯 다른 운명의 순간에

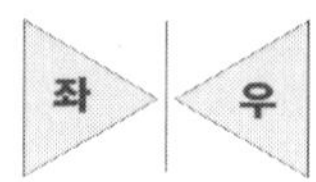

왼쪽과 오른쪽 선택은 중요하고

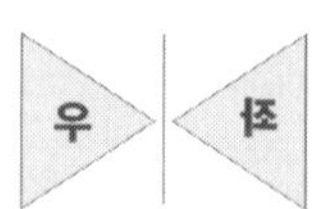

우는 그대로지만 좌는 뒤틀려

모름지기 돌아가는 인생길에

옳고 그름 또한 볼꼴 보기라

그러려니 하고 살지만

善 惡

의 경우 뒤집히게 되면

惡 善

처럼 악한 마음으로 뒤틀리고

天 地

간에 하늘은 변함이 없으나

地 天 으로

뒤틀리게 되면 지地獄와 같이
망가지는 것이니

순리대로
그러려니 살다 보면
하늘

天

매화 멍울처럼

눈도 오지 않고 별로 추운 티도 없이
누가 나의 계절을 훔쳐 갔나
새초롬한 날 빈 우듬지에
민망한 듯 비껴가는 어느 늦은 겨울 낮
맨몸 가지 끝 매화멍울을
생인손의 아픔으로 쳐다본다

맨몸으로
내세울 만한 옹이 하나 걸친 것도 없이
이대로 피어나기는 더 아프고

잎사귀보다 먼저 피어나기란
더욱 힘든 고통이라서
저리 주먹을 불끈 쥐지 않고는
참아낼 수 없었겠지

못할 것도 없지 까짓거
그리 한 번 해보자
만고萬古의 섭리를 거슬러
실없이 저처럼 다 벗은 채로
애린 주먹을 터뜨려 본다는 것은
가당치 않은 일이지만

잃어버린 계절
봄 여름 가을 그리고 다시
겨울다운 겨울을 향해
구겨진 겨울잠에서 깨어나

새봄맞이 대열에
새치기 한 번 해보는 거다

낙엽으로 다시 태어나기

비우고 살면 좋겠다
짜증과 미움까지도
진하게 덧칠한 얼굴이 굳어
머리털 하나도 밀어버리지 못하는
그런 나의 가을
가진 것을 다 쏟아버리고
엄동을 맨몸으로 순응코자 하는 염치로

낙엽을 보고 있으면
삭발에 단식의 신념으로
해마다 죽는 연습을 하는 걸까
저러다 내년 봄에 다시
태어나지 못할 걱정은 아예 접고
홀연히 내려앉을 수 있는 초연함이 부럽다

생각이 너무 깊으면 없는 것처럼 보이지만
그렇게 살 수 있을 때라야
낙엽으로 다시 태어날 수 있겠지

줄 것을 다 주고 맨몸으로
한 겹 내 두르는 나이테를
그보다 더 두꺼운 껍질로 감싸지 않고서는
감당하기조차 힘든 모진 세월을

태연히 견뎌 낼 배짱도 없고
낙엽처럼 벗을 일도 없겠지만

매번 죽는 연습으로 공양하는
혼백이 되살아나
어느 백 리 먼 끝 뿌리에서까지
어머니의 탯줄로 운기를 끌어당겨
다시 태어날 수 있겠지

떠났던 그 자리에
다시 그 모습으로

부끄럽지만 소중한 일기
-1977. 10. 3

아미! Ami
나의 사랑 我美
연애 시절 외쳐대던
마음에 드는 애칭이다

앞에서는 제대로 불러보지 못한
산속에서의 절규
앉아서도 서 있는 의지로
서 있으면서도 뛰어가는 욕심으로
나는 당신을 사랑하노라

의지와 욕심은 아픔을 동반한다는 사실과
당신의 높이가 높을수록
거리가 멀면 멀수록 그 아픔이 더할 것이므로
좀 더 가까이 와서
나의 빈혈을 쓰다듬어 달라
이대로 서 있다가는 주저앉을 것 같다는
사랑앓이의 주술은 이미
부끄러움의 시효가 지나간
빛바랜 일기장

안네의 일기에 견줄 잡이는 못 되지만
고분에서 발굴된 벽화만큼이나 소중해서

아내 몰래 없애버리기에는 아깝고
고증발분*을 하자니 입에 발린 말 같아서
내놓기 또한 난처하다

*考證 發憤

그레섬 법칙 탈출기

대중교통 배려석을 없애라
그 옆에 서 있는 사람이나
앉아서 버티고 있는 사람이나
불편하기 짝이 없다

멀뚱멀뚱 앉아있는 학생에게
한마디 꾸부정한 넋두리
세상 참 말세라고 했더니
귀는 밝아서 앵그러보는* 눈

왜 눈을 똥그랗게 뜨고 그러냐
그럼 눈을 네모로 떠요
그려 세상이 모났지
네 눈이 그렇겠냐

자고로
악화는 양화를 구축한다고
그레섬이 말했지만 말이여

*앵그러 보다 : 흘겨보다의 방언

미안하다 불행아

어디 갈 곳이 없어서
하필 나에게 왔더란 말이냐
이 불행이라는 놈아
그동안 푸대접에
얼마나 힘들었니
그런데 미안하다

이제부터 우리
잘 지내보자
네가 나에게 왔을 때
나만 힘든 줄 알았지

좋았던 시절은 추억
힘든 일은 경험
그건 네 잘못이 아니다
내가 미처 몰랐을 뿐

너는 항상 나에게
선물을 주고 갔었지
행복 그것이 설마
네가 주고 간 것인 줄
까마득히 모르고 있었거든

삼고초월三苦超越

불로초 구하러 다니던 진시황이
어찌 이곳을 몰랐을까

사람으로 태어남을 生이라 하고
노老 병病 사死가
인생사의 고통이라

근 십 년 전에 이미 넘치는 짐을 지고
나의 친구가 지게 받칠 곳을 찾아왔다

홀린 듯 연이 닿아 들어서고 보니, 여기
층층이 논다랑지가 계단으로 놓이고
그 윗목에 긴 장대처럼 쭉쭉 뻗은 편백이
긴 산몰랑 물줄기를 다 먹고 살았구나

저 아래 초입 수상한 저수지 어깨를 건드리면
용궁 문전 수문장이 선잠에서 깨일 듯
고요한 벚꽃이 만발하여 조심조심 일러주는 길

무릉도원 따로 찾지 마라
老 病 死 三苦를 짊어지고
어느 고개를 넘겠느냐
땅에서 하늘까지 끊어진 곳 없으니

이곳이 바로 三苦超越 점지받은
영험한 자리니라

*친구의 휴양지에서

소에게 용서를 구함

학창 시절 방학 동안이면
아버지를 따라
밭갈이 도우미로 가본 적이 있다

이 랴 워어
이랴 이랴 저리 저리 절절
철석
전혀 미안한 구석도 없이
후렴처럼 내려치던 긴 고삐가
소의 너그러운 등에
채찍으로 고스란히 감기고

굼실굼실 이리 돌고 저리 돌아가며
그리 맞는데도 말라붙은 쇠똥 자국은
떨어지기는커녕 살가죽을 당겨대고
애먼 쟁기 보습 끝 가문 자갈밭 뒤집으며
갈기가 없어 무장 더 아픈 목덜미 위에
멍에를 걸고 가던 소를 보았다

아무 권한도 없이 구경꾼에 불과했던 나는
소의 편을 들어 줄 생각은 아예 하지 않았다

네 번이나 단단히 되새김질하는지라

싸는 똥도 동글 납작 잘 마르면 불쏘시개
일이 고되거나 먹은 것이 부실하면
푸드덕 물똥을
아버지와 나는 걱정 해본 적이 없다

무심한 세월 그런 풍경마저 사라진
지금 와서 생각하니 눈물이 날 것 같다
코뚜레만으로도 아팠을 텐데
아버지! 그때 그냥 말로 할 걸 그랬어요

1+1=0이 되는 경우

초보 주례사에
선남선녀(1+1)가 하나(1)가 되는
계산이 아니라 의미라 하고

선남의 부모(2)와
선녀의 부모(2)가 4돈이므로
이 산술은 맞다

누구나 4의 합이 1이라는 것에
계산이 아니라 축복이라 한다
잘 나가다가 불량한 해킹으로
1+1+1(피싱)=0(이혼)의 경우
도로 남이 되는

긍정적인 것은 어렵고
부정적인 것은 쉽게
각 1도 허용되지 않는
제로의 유혹
너무 쉽게

왜 그랬던가
구하기는 어렵고
버리는 것은 그냥

정의는 사라지고
부정은 도처에

차라리 너와 내가 만나지 않았더라면
이렇게 슬프진 않았을 거라는 유행가처럼
결국 삶에 있어서
1+1=0이라는 등식이
항상 유효하다
너와 내가 등을 돌릴 때

벌의 적립

편하게 앉으라고 만든 의자를
벌로 들고 섰던 기억 없나요
노벨이 발명한 다이너마이트의 역설처럼
선량한 목수의 선한 마음으로 만든 의자가
벌서는 사람에게 모진 고통이 된다는 것
문명의 이기가 흉기로 둔갑하는 사례는
많고 많습니다

마찬가지로 잘해보려고 하다가 꼬이는 절망
작은 성의로 어렵게 베푼 기부금이
거지 취급당하는 반전
배려가 착취로
방어 기제가 공격의 진지로
호의와 불의의 공존
그 견고한 공전궤도 상에서
결국 모든 선의와 호의가
삶의 공적으로 우주를 갉아먹는
분진의 적립

미세먼지로서
분리수거도 안 되는
벌입니다

사람 수명의 비밀

얼마나 살 수 있나
요즘은 100세 시대
인생 고래희라 하던 말
이제는 옛말

하느님께서
우주를 창조하시고
사람의 수명을 정하실 때
그럴듯한 우스갯소리

소에게 60년 살라 하며
일만 하라 하므로
너무 고단하다고 불평하니
30년만 살라 하고

개에게는 30년 살면서
평생 집만 지키라 하였더니
답답하기 이를 데 없다 하므로
15년으로 감해주고

웃기게 생긴 원숭이에게는
30년 동안 재롱이나 떨라고 하자
찡찡대는 기색이라
15년 남짓 살게 해주고

마지막으로 사람 차례에
25년을 살아가되
생각 좀 하면서 살라 하니
생각할수록 짧은 기라

생각 끝에 덤으로 얻어낸
소가 버린 30년
개가 포기한 15년
원숭이가 던져버린 15년
그럭저럭 85년이
사람 몫으로 되었다는 것

애초에 받은 25년은 부모덕에 살고
한 30년 소처럼 일만 하다가
회갑 때부터 70세까지 개 모양으로
집만 지키다가 이제 남은 15년은
원숭이 몫이라 손주 앞 재롱
그래도 모자라서
좀 더 살게 해달라고 100세까지

가을이 지나고 난 다음

서늘한 바람 빈들을 돌아
산의 흔들림으로 떨어질
낙엽조차 사라진 자리
거두어들일 것 없는
맨주먹이 시리다

사방 벗은 나뭇가지
비껴가는 삭풍에
죽었는지 살았는지
삼한사온의 반칙을 따져볼
기력마저 상실해버린 온기
하루도 따뜻한 날이 없다

한데서 부대끼는 몸뚱이끼리
한사코 다투지 말고 봄까지는
서로 몸 비비며 견디어보아라
구멍 난 양말 기워 신고
너보다 추운 사람 세상에 많고 많다

깨진 쪽박이라도 함부로 버리지 말고
봄갈이 종자 씨앗 아껴서 담아놓아라
음지에 볕들 날 있단 말
믿고 살면 그리될 것이다

단풍 아래에서

단풍을 보면
모난 심보도
둥그러진다네

왜 그렇게 사나
이 사람아
여기까지 왔으면서

내일이면 다시
그리워질 오늘
그러려니
사시게나

편백의 그늘에서

놓아버릴 수 없는 가을 피톤치드 유혹에 끌려
장성 축령산 편백숲*에 가보면
벌레가 없으니 새소리도 들리지 않고
날 짐승이나 활엽수들도 비껴간
편백의 군락이 쇠줄처럼 창공에 박혀있고
산등성이에 올라서야 그나마 단풍이다

거무튀튀한 찰흙 길섶

발자국 비켜 풀잎이 골라 앉은 자리
풍수지리 무시해도 좋을 것 같은
생의 한가운데를 툭 분질러
사방에 서러운 말뚝들이
피톤치드 향기로 묵언 수행 중이다

병들어 고단한 삶 내려놓으려고
구겨진 삶을 다림질하는 천막 속 희망
서울 인천 경기 대구
먼 데서 온 만큼 그늘이 길다

먼지를 밀어내고 개발의 손이 덜 미친 골짜기
가을 가뭄에 울음 삼키는 물소리는 귀를 세워 들어도 멀고
간간이 상수리 활엽은 편백 서슬에 낙엽이 되어 서럽고

사람의 잣대로 솎아낸 간벌의 그루터기 난간에 기나긴 생애
그래도 촘촘하여 가늘어진 편백은
상록의 육즙을 하늘로 뿜어 욱일승천의 결기로 천국행 계단을 만들고
이승에서 저승으로 저승에서 이승으로
육신은 누워 있으나 실낱같은 우듬지가 천국에 닿았으니
계단을 밟고 서 있는 좌선 공덕은 결코 헛되지 않으리라

*장성 축령산 편백 숲은 피톤치드 치유의 산으로 유명하다

I GO 머리야!

아이고 이게 누구여
오랜만이시
그동안 어떻게 살았는가
말도 말어 못 죽어서 살았네
나도 여그서 다 그러고 살어
이사 오고 본께 자네도 만나보고
보조금도 타묵고 살만허시

금메 이거 원 어디 살겄는가
날은 덥지 황사에 초미세먼지네 뭐네
입마개 답답해서 생머리가 다 아프네
머리 아프면 타이레놀 사 먹고
옛날에는 사리돈 아니면
아스피린 직발로 낫더니만
요새 아픈 머리는 영 고질이여

마누라도 시글시글
늙어감서 눈꺼풀은 무거워지고
찐득찐득헌 것이 눈물인지 땀인지
눈 가생이* 여름내 마뜩잖더니
기다릴 것 없는 눈구멍은 침침해지고
골머리까지 띵 허니 나도 시글시글 허네

날씨는 점차 선선해지고
곧 추석도 돌아오는디
자네 아들 공부 잘하던 놈
지금 판검사 아닌가
아이고 말 말어 뭐 올 시간이나 있간디

나사 뭐 딸네가 옆에 사니께
많이 의지가 되네 마는
머리 아픈 소리 허기가 영 쉽지 않어

*가장자리의 방언

건망증 에피소드

자동차 문을 수동으로 열 때만 해도
그런 일은 없었다
스마트키라는 것이 나오더니
문 닫고 나서 손잡이만 터치해도
자동으로 열리고 닫힌다
참 좋은 세상 생략된 동작으로
편해진 뇌의 영역이 허물어지고
빈 곳에 채워지는 건망증
돌아서자마자 잠겼는지 말았는지
다들 그러고 살아간다

잊고 싶은 것은 잘 지워지지 않고
정작 중요한 것은 깜박깜박
나이 들면서 피할 수 없는 걱정에
부부는 초록이 동색이라
아내는 남편에게
영감은 할멈에게
지청구로
등 좀 펴고 살라 하고

냉장고에서 빵과 우유를 가져오라며
당신 잘 까먹으니 메모를 하라는 영감에게
'날 뭐로 보냐'던 할멈이

삶은 달걀을 가져다주는 거라
'그러면 그렇지' 적으라니까
'소금이 빠졌잖아'라고 했다

영감 할멈이 피장파장 아닌가
이런 우스갯소리에 호응하는 딱 한 사람
이제야 통하는 나와 동 세대

운명처럼 노년의 강을 함께 건너갈 나의 곁
웃기지 않는 이야기를 속는 척 웃어 줄 사람은
역시 당신뿐
둔감한 나는 신이 날 것이고

참깨를 위한 변명

늦여름 트렁크에 실린 참깨 서너 되
비닐봉지 열기보다 더 뜨거운 사연
까맣게 볶여야 할 유형의 땅으로
죽은 깨처럼 보이는 것은 참 억울해

고소한 향기 그때가 전성기라고
반질반질 맛 내주는 희생정신은 기본
신혼부부 집이면 엄청 쏟아져 신나지만
한여름 푸른 알갱이 넉 줄 사연

그야말로 깨알같이 층층이 감춘 흰 빛
비스듬히 세워 둔 선들바람 유혹도 잠시
지은 죄 없는데 회초리 타작
수건 아래 감춘 주인댁 얼굴은
죽은 깨로 분칠하고

한 줄에 여물 들어봤자 스물
한 알갱이 넉 줄이라 백 개도 안 되는 것
깨알같이 작은 몸뚱이 모아 한 됫박
깻묵으로 죽은 깨 탯줄을 타고
개기름 아닌 참기름으로 해탈하여
본색 없이 덤이 된 참
참! 깨 맛있다는 사람 하나도 없는데

2부 되는대로

액자 스토리

작품 하나 선물하려고
액자 제작 의뢰했더니
어떻게
언제까지
해드릴까요

되는대로요
그게?
시간 형편 그런 것 말입니다

딴으로는 순응해본 거다

그러길 잘한 거였다
작품보다 액자가
더
걸작이었거든

돌아가자

현자는 어두운 길 밝혀 가고
어리석은 자 밝은 길도 허방 탓한다

길 가다 돌을 만나
일으켜 세우며 하는 말

돌이란
약한 자에게는 걸림돌
강한 자에게는 디딤돌

돌아! 나는 그냥
돌아가자 할 거야

바다 이야기1

이렇게 까마득한 바다는
생전 처음이어요
동생과 나는
겨우 일곱 살 다섯 살이지만
많은 이야기가 생각나요
저렇게 잔잔한 바다에서
불쑥 후크선장이나
식인상어가 나타나면 어쩌죠
아빠랑 같이 있으니 덜 무섭지만
저 하얀 파도가 조금 수상하기는 해요

아기상어가 뚜르르 뚜루~ 나올 것 같기도 하고
소금 맷돌이 계속 돌고 있는지
무척 궁금하지만
하늘과 바다가 저렇게 붙어버린 것이
더 궁금하고 신기해요
갈매기가 끼룩끼룩 뭐라고 하는데
통 못 알아듣겠어요
아빠는 대답하기 곤란한지
멀찌감치 떨어져서
딴전을 부리고 있네요
이따가
사진 찍고 나면 엄마한테
물어봐야겠어요

*외손자 손녀 지민 지오– 채석강

바다 이야기2

새우깡 사 온 것을 어떻게 알았는지
아빠랑 갈매기는 친구 사인가 봐요
끼룩끼룩 한꺼번에 몰려와서
반갑다고 인사하더니
따라온 아이들은 누구냐는 듯
똥그래진 눈으로 빙빙 놀리고 있어요

우리가 새우깡을 던져주면
너나 먹으란 듯 못 본채하고
아빠가 던져주는 것만 골라 먹어요

쳇! 어린애들이라고 무시하나 봐요
담에 올 때는 당당하게
람보 물총을 메고 와야겠어요

되는대로 살다 보면

운명이다
갈팡질팡하지 마라
남이 가는 길 따라가지 말고
되는대로 가다 보면
좁은 길도 네 갈 길이다
넓은 길 따라가면 먼지가 많고
머피의 법칙이란 것도 있거든

적성 찾아가기란 쉽지 않은 일이라
수산학교를 나온 내가
국세공무원이 되었다가
세무사에 시인이 되었으니
그야말로 되는대로 산 셈이다

세관과 세무서 구분도 못 한 채
세무서에 지원했고
셈이 느려 고스톱 박 쓰는 주제에
세무사시험 합격하여
호구책이 되었구나

그릇이 작아 과유불급이라
등 너머로 배운 시문학이나마
얼마간은 되작되작

시인 행세도 할 수 있고

되는대로 살다 보니
그럭저럭 잘 지내 온 70 인생

삶의 지렛대

아무리 큰 고통이라 할지라도
멀리 있는 작은 기쁨으로
참아내는 것
그것이
삶의 지렛대 원리입니다

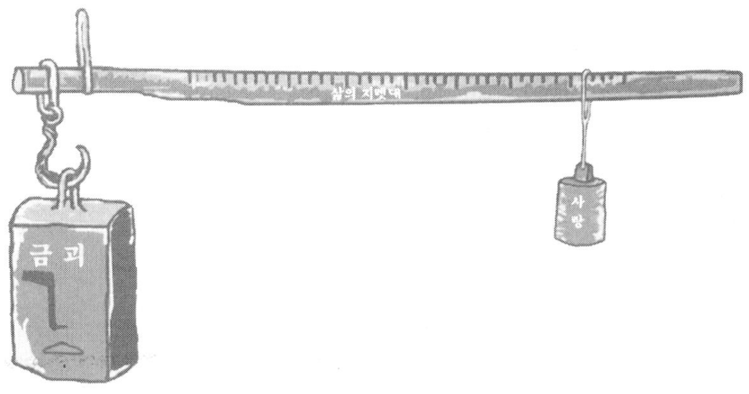

내로남불 시대I

품앗이에도 일의 품이 엇비슷해야지
상일꾼이 선 맞잡이랑 어우르자니
일하는 본새 보면 반 푼어치도 안 되지만
품앗이꾼 흥 돋우는 재주가 한 몫이라
계륵 같은 그 품을 온 품으로 갚는다

어느 한구석이 모자라면 테두리가 짱짱하고
내가 잘하는 것 너는 못 하더라도
내가 못 하는 것 네가 잘할 수 있어
못하는 것 피皮 떨고 나면
내로남불 아니라 내로남로 되는 것
누이 좋고 매부도 좋은

내로남불 시대Ⅱ

다 아는 불경기에
자네가 고생한 만큼 못 줘서 미안하네
기름때 묻은 사장님 손으로
얇은 월급봉투 내밀어도
고개 숙여 받던 시절은
내불남로 시대였던 거라

입에 올리기도 민망한 정치
국회선진화법에 무색한 망치 폭력
날치기 공방은 여전히 백년하청
경영난 염불에 임금투쟁 맞불도
아전인수 꼴불견에 갑질 을질
모두가 오십보백보 아니던가

나는 배려 너는 배신 내로남불 타령
허장성세도 백년하청 여기저기
앞차 운전자 꽁초 버리면
저 나쁜 놈 하더니 자네도 그러는가
그게 좀 어쩔 수 없이 그럴 때도 있지
차 문틀에 걸친 팔이 보기에 민망하다

이러고들 사는 거라
내불남로內佛南路는 기대난망

내가 불륜이고 남이 로맨스라는 것인데
도 닦는 것만큼 어려워서
역지사지로 도반 도찰*하지 않고서야
남가일몽의 꿈이다

*道伴刀擦
- 도반 : 함께 불도를 닦는 벗
- 도찰 : 잘못된 글이나 그림을 칼로 긁어 고침

김장철 사모곡

도 레 미 파
무 배추 고추 파
추임새 빨간 고추 동동

농사철 지나서도 어머니는
명 잣던 품앗이 빼꼼한 날 무시로
굵은 소금에 통무를 절여 동치미 담그시던
그때가 김장철이었지
날 잡아 법석 떨지도 않았고

김치명인 방송 출연에 온갖 양념 버무린
요즘 김장철과는 사뭇 다른
이 빠진 뚝배기 묵은 맛에 까무룩
곰삭은 어머니 냄새 그 맛으로

홀로된 여동생이 담가 온 때 이른 김장김치에
그냥 와도 눈물겨운 걸 곁들여 찰진 고기까지
한 짐 부려놓고 그냥 간다더니 못 이기는 척 주저앉아
올케언니 힘들다며 절절히 풀어내는 말
오빠는 부모 맞잡인데 그리 못하고 산다는 넋두리가
영락없이 어머니의 젊은 시절 그 모습
나는 도로 어머니의 아들이 된다

어머니 같은 누이가 남긴 그리움이
한 움큼 무채처럼 주섬주섬 널리고
오선지 적시는 동치미 국물같이
사르륵 한 옥타브 아래로

도 시 라 솔
파 고추 배추 무
"• • •"
어 머 니 –

무엇이 되어 어떻게 살까

갑과 을이 있었는데
갑은 세리였고 을은 세무사였다
시기만 달랐지 나는 둘 다로 살았다

세금 사이에 낀 납세자는 돈[金]으로서
벼리는 그물은 같지만
갑일 때와 을일 때 각도가 달라지니
누가 천당 가고
누가 지옥 갈까

사이에 부대끼는 돈이야
무슨 죄가 있겠는가
백골징포[*1]나 황구첨정[*2]으로
단련된 유전자 덕분에
싫어도 고분고분 내는 편이거든

그런 판에 꿈꾸지도 않았던
갑이 되고 나서 한 푼이라도 빠진 것 없나 밝히다가
다만 얼마라도 덜 내게 하는 역할로 을이 되었으니
굳이 명분을 대자면 이것도 중용을 취한 셈이라
면죄부가 될 수 있겠다고

되는대로 살다 보면

그렇게 되는 것 아니겠어?

*1 죽은 사람을 포함해서 군포를 물리던 폐습
*2 어린 황구유아에게 까지 군적에 올리던 폐습

알람시계 소리 유감

뭉뚱그려 팔아도
송아지 한 마리 값에 못 미치는 가산을
온몸으로 받치고 살던 시절
가족의 생애를 아버지보다 여린 몸으로
머리에 이고 손에 들고
등에 업고 살았다 어머니가

알람시계 같은 건
꿈도 못 꾸던 첫닭 우는 꼭두새벽
반백 리 길 장날 시골 아낙으로 살면서
어제의 노동으로 욱신거리는 육신을
누가 깨우지 않아도
접신의 경지 신녀처럼
푸성귀 달걀 꾸러미로 고무신 양말 사러 간다고
칼춤 추듯 걸어갔다 어머니들이

벌써 전설이 되어버린
경제개발 5개년계획의 시절까지만 해도
'새벽종이 울렸네 새 아침이 밝았네'를
이장 집에 설치된 확성기를 통해 듣고
비빈 눈 도로 감길 듯
아침 소 풀 뜯기러 가기 싫은
어린 자식 나무라시며

"싸게 싸게 안 가냐
언능 갔다 와서 학교 가야제"

그 소리보다 더 야속하게
울려대는 모닝콜 시계 소리
엊저녁 밤샘 공부에 지친 딸아이를
깨워야 하는 판에 내 몸 하나 감당키도
늘어진 쇠고삐 같다

동창 보기 민망한 게으른 기상 시간
어김없이 울어대는 알람시계 소리를
조금만 더 조금만 더 아쉬움의 무게로
닭 모가지 비틀 듯 눌러버린 후
자다가 깨고 깼다가 또 잠들고
어느새 옷 갈아입을 시간도 없이
허둥대는 출근길

열리지 않는 문

굳게 닫혀
두드려보지도 못하고
그 앞을
서성이다가
기어드는 외침
열리지 않는 문틈으로
들여다본 저쪽은
안이 아니라 밖이었다

그쪽은
내 편에서 마음대로
열어볼 수 있는 문이 아니라고
나 스스로 빗장 지른 벽
비밀번호를 잊었다

나는
나를 가두고 있었다

접시꽃 너

흰색으로만 피는 줄 알았어
숨겨놓은 쌀 한 톨 없는 가난한 집구석에
문지기처럼 서 있던 너
사발 모양으로 있어 봐야 퍼 줄 거나 있어야지
가는베 순백 치마 속 수심을 감추고
송이송이 하늘로 솟은 웃음 너의 키만 키웠구나

일찍이 너를 알아보고 당신이라 부르신 분은
이 나라의 장관이 되었고
이제야 흰색만이 아닌
너의 빨간 유혹 앞에 고개 숙인 나는
수영복 차림 미인 대회를 보는 듯
접시 몰래 민망하다

밥상 위에 놓인 접시는 항상 나에게 하얀색
담긴 김치 빨간색 푸른 맛은
백김치 풋고추에 매운 역설
흰색 아닌 접시라면 그 맛이 나겠느냐

아무튼 너와 나의 촌수가 애매하여
당신이라 부를 수 없으니
장관 되기는 영 틀렸다

가을 나무 월동 대비

웬만하면 이쯤에서 계산[*1] 끝냅시다
피차간에 이해타산을 어찌 값으로 따질 수가 있겠소
한 줄기 햇빛[*2] 덕분에 무성해진 잎사귀 아니었다면
한 뼘 몸뚱이 선 자리 빌려준 땅 위에서
땀 식혀 주는 그림자를 구경이나 하였겠소

하늘과 땅 틈새에서 주고받은 광합성 사용대차
따져봐야 피차 본전일 텐데
하던 대로 합시다

아침저녁 서늘한 바람 더 용심 내기 전에
햇볕[*3] 담금질 고이 접어 물들인 환어음[*4]으로
기꺼이 임차료[*5] 선불 셈해드리고
내년 봄까지 맨몸 봉헌[*6]하겠으니

찬바람 감칠 때 벗은 몸 생각해서
하얀 솜으로 둔갑한 눈송이를 우듬지 끝에 감추시고
봄이 올 때까지 나의 빈 곁 지켜 줄
따뜻한 동장군이나 보내주시오

*1 하늘, 땅, 나무 등 삼각관계
*2 빛, 광선　　*3 따뜻한 기운
*4 단풍　　*5 땅 사용료
*6 하늘에 봉헌

미궁

미로는 헤맬수록 재미가 있다
0
0=∞
없다면서 0은 테두리가 있는 겨 없는 겨
시작이여 끝이여
비워진 것이여 채워진 것이여

0부터 1
2부터 9가 유효하지 않다는 컴퓨터의 두뇌는
유형인 1이 되기 직전의 무의 완성
소유가 허망해지는

우주가 그렇고
삼라만상의 OX가 그렇다
긍정도 부정도 아닌
허무와 실존의 형이상하학

처음 배우기를 1부터라
0의 뜻은 잘 몰랐지만
업으면 열 배씩 커지는
동그라미의 공포

어떤 수에 자신을 빼면 0

아무리 큰 수일지라도 0을 곱하면 0
0으로는 나눌 수 없다는 불능

없다는 것이 너무 형이상학적
기준점은 ⊙(영점)
⊙ 아래 어떤 수 앞에 있으면 음수보다 크고
⊙ 아래 아무리 많은 9가 있어도 1보다는 작다
⊙ 아래서는 어떤 수의 앞이라야 0이 살고
⊙ 위에서는 어떤 수의 뒤에 서야 살아난다
0은 1보다 작은 것이 아니라 9보다 크다
0 하나가 붙으면 열값이라
0은 음과 양의 경계에서
무수히 많은 1과 9를 늘리고 줄일 수 있다

복잡한 사연을 동그라미 하나에 담으면서
태양을 봤을까 달을 봤을까
지구 모양도 원
공전의 궤적도 원
원끼리 돌고 도는 고리란 우주로서 테두리가 없다

처음은 0이 아니고 태어남은 존재의 시작이라 한 살부터 시작
눈은 두 개의 원으로 하나를 가리면 원근 구별이 불가
나이 들수록 갈 길을 보려고 멀리 본다

다른 숫자 앞에 그냥 놓이면 무의미한 빈자리이지만
뒤에 붙이면 붙일수록 무한히 커지고
소수점 뒤에 붙이면 붙일수록 무한히 작아지는
점을 기준으로
앞에 놓이거나 뒤에 놓이거나 놓일수록 ∞이다

다른 숫자는 계량 단위
0은 철학적 합의의 산물
어떻게 살아야 하나
무한히 작아질 수도 있고 무한히 커질 수도 있는
미궁
끝내 알아내지 못하고 죽겠다

어처구니없는 짓

단란주점에서 술을 마신 후
술값보다 더 많은 봉사료를 내고
화장실에 갔다

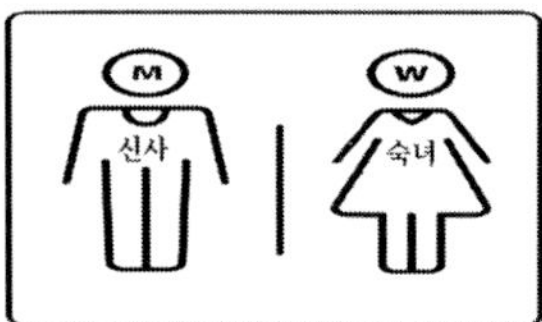

이런 젠장 나 같은 건달은 어쩌라고
성질나서 벽에다가 욕을 쓰고 싶은데

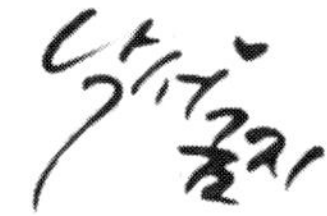

버릇이 된 맥주병 나발
졸고 있는 골목길

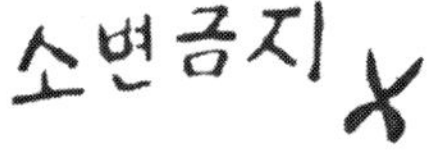

남자들만 죄인가
여자들은 좋겠네그려
급한 김에 맥주병에 탈탈

누군가 지나가다
짐승보다 못한 놈이라고

그러는 당신은 짐승보다 더한 놈
아니 짐승 같은 놈 하쇼

아침에 일어나 빈 병을 보니
그 오줌 누가 먹었을까
나 원 참
참 나 원
어처구니가 없는 짓이냐
어처구니가 있는 짓이냐

그럴 거면서

목사님 저 남편이랑 이혼하고 싶어요
왜요
이러저러해서 더는 못 살겠어요
그래요 그 사람 지금 어디 있습니까
며칠 전에 좀 퍼부어댔더니 안 들어옵니다

이어지는 목사님의 시츄에이션
그런 나쁜 인종이 없네요
그놈의 새끼
내가 지금 당장 쫓아가서 패 죽여 버릴까요

아니 목사님 왜 그러세요
너무 오버하시네
그 양반 괜찮은 구석도 있는데

그럼 됐네요 뭐

한입에 두 귀

뚫린 입이라고 함부로 말하지 마라
화근이 되느니라
귀가 둘이니 담을 귀도 있고 퍼 나를 귀도 있다
퍼 나르기 시작하면 걷잡을 수 없게 되나니
다른 사람도 귀가 둘인 때문이다

어즈버 태평연월이 말로써 말 많으니
말 많이 하지 말라 했다지 않느냐
한입 갖고 두말 말고
두 귀로 듣지 말고 한 귀로는 걸러라
잘못 듣고 헛말 하면 쇠고랑 찬다더라
명예훼손 애매하지만

풀뿌리처럼

씨앗을 논하지 말라
뿌리가 생명이다
이파리가 이겨낸 태양의 열기와
칠흑 땅속 그늘을 이고
살아온 세월이 천년이다

우리의 할아버지와 할머니가
그분들의 할머니와 할아버지로부터 물려받아
아버지와 어머니에게 주고 간 것으로서
내가 있고 당신이 되어 우리로
지금도 풀뿌리처럼 땅속에서

얻어 낸 씨앗으로는 겨우 한 줌 사랑을
그늘에 뿌리고 난 훗날
밟히지 않고서는 다시 태어나지 못해
그렇더라도 결국엔 뿌리로만 번질 수 있어
아들과 딸들이 아버지와 어머니
또다시 할머니가 되고 할아버지로
풀뿌리처럼 그렇게 살게 되는

취객 별곡

거나하게 한잔 걸친 깊은 밤
온통 흔들리는 것뿐
만나는 사람마다 시빗거리 비껴가고
오줌발 피하는 전봇대에
까불지 마 인마
나쁜 놈이라고 헛발질해대는
한심한 꼴 좀 봐라

지레 비켜선 외등의 심지 타는 냄새와
이리저리 흔들거리며
철퍼덕 납작해진 그림자 기척에
잠 없는 이웃집 개 심기가 불편하다

이러는데도
열어둔 대문은 버릇처럼 나를 끌어다 놓고
어두운 밤새도록 바람이 불어
쓰러진 내 몸에 끊임없이
풍화작용을 해댈 것이고
걱정 베고 잠 설치는 식구들은
선잠이 고달프겠다

독버섯의 비밀

먹는 것 너무 밝히다가
급히 먹는 떡에 체하고
돈 먹은 사람 감방 가고
잘못 먹으면 죽는대도

곱게 생긴 버섯을 보면 왜
먹을 생각부터 하시나요
무릇 먹으란 것이 지붕 모양으로
하필이면 비에 젖어 습한 곳에
우산처럼 솟았겠소

이른 아침 뒷산 오르는 길섶 그늘에
스머프 요정들의 속삭임 여기저기
꽃으로 피는 버섯마을 천기누설
지붕 아래 부챗살 같은 서까래 틈에다
독침 하나 감추었다고

보기만 하면 아무 탈 없을 텐데
예쁜 것이 무슨 죄요
싫은 내색 제발 마시오
누가 먹어보라 하였관데
눈길조차 서늘하신가요

올라갈 때 꽃처럼 보이더니
내려올 때는 이미 시큰둥한 절망
이 세상엔 스머프 요정들이 없다며
떠날 채비 설거지 푸르뎅뎅한 떨림으로
기엉물* 통에 남겨 둔 비밀스러운 말

보기만 해도 독을 타려다가
먹을 때에만 독이 된다는 것
그만하기 다행인 줄 아시고
어느 한순간만 먹을 생각 접으시면
그냥 꽃이 되어드리겠다는

*개숫물의 방언

빈털터리 신세타령

누구에게나 똑같이 주어진 세월
왜 길다 짧다 하는가
잘 살면 짧고 못 살면 길다
어느새 지나간 세월
나도 그럼 잘 살았나 보네

빈주먹을 쥐면 더 단단하고
세월이야 흘러가는 것
삶은 계란이라는 역설로
길고 짧은 것이 아니라
적당히 익혀가는
부정형의 허와 실

손에 든 것도 없으면서
멍한 머릿속에
발바닥이 굳어진 연유가 무엇일까
버티고 버티다가
땅 밑을 거부하는 발악

이렇게라도
살아있으니 다행이다

3부 거시기하게

폼나게 산다는 것

누가 거시기를 특허 신청*했더라고 웃겼다
참 거시기하다

당연히
거시기는 모든 사람에게 거시기해서
특허 내어주기가 거시기하다고
거절당했다지만
해볼 것 다 해보는 그분 발상이
참 가상하고 거시기하다

거시기하게 산다는 것은
폼나게 사는 방법이야

꼭 예수님이나
부처님처럼 아니더라도
반짝반짝 빛나게 사는 법이 있더라고

대장간
조정래 선생님께서*
풀꽃도 꽃이라던가 하는 책에서
공부 빡세게 안 하고
돈 많고 높은 사람한테
빡빡 안기어도

일 년에 1억

고3짜리 고민하지 말고
그냥 하고 싶은 대로 해라
자신이 좋아하는 것

*거시기는 탤런트 김성환 님이 잘 쓰는 말입니다.
*조정래 선생님의 "풀꽃도 꽃이다"에서 읽었습니다.

여수 밤바다

어두울수록 빛나는 것은 별빛만이 아니다
밤바다에 불빛이 비치면 노래가 출렁이고
그 결에 사랑이 넘실거리는 향기가 흘러

그리운 이에게 전화를 걸어 뭐 하고 있냐고
나는 지금 여수 밤바다라고
착한 가수가 일러주었다

주술에 홀린 무리 틈에 쏠려
누구든 바라보게 되는 먹빛 하늘 아래 찬란함이
오래된 전설로 출렁이며 끓고 있는
여수 밤바다
걷고 싶은데

낮부터 미세먼지 심술로 가까운 섬을 멀리 밀어내더니
보란 듯이 밤은 빨리 오고
경도 둘레를 밝히는 바쁜 불꽃들에
아무 걱정도 없이 별빛을 헤던 윤동주 시인처럼
불빛 하나에 추억과 사랑을
고난과 슬픔까지도 기꺼이 맡길 수 있는 여유

아무 이야기나 하소연도 다 털어놓고 가리라
너희들이랑

당신과 나
그리고 함께
바다와 여수 밤바다에

回甲

정확히 육십 년 전
어머니의 태를 빌어
발악 같은 울음과
핏덩이의 버둥거림은 한 알
질긴 껍질의 씨앗이 되었으나

세월의 이랑에 실타래처럼
감기다가 혹은 매이다가
유연성은 점점 견고한 껍질이 되어
제 눈으로는 몰라보았던
벗어지는 이마의 높이가
카메라의 눈에 들켰을 때라야

아픔은 깊고
즐거움은 짧아
자극조차 희미해져
여백이 소진한 나이테의 언저리에서
지나온 흔적을 다시
갉아 먹어야 할
반환점에 서 있는 것이다

축복인가
나잇값의 계단인가

무슨 말이든지 새겨들어
귀에 거슬리지 않는 경지가
耳順 — 이라는데
날이 갈수록 안 들리는 귀
여전히 버릇처럼

나 안 올라갈 거야
지천명知天命 재수 할래

남은 것 버리기

어지간해야 이열치열이지
피서 특효는 역시 이한치열以寒治熱
여름 한낮 생각은 자유
눈사람 녹인 육즙을 땀에 섞어
얼음 같은 햇살로 이마를 닦을 때

겨우내
조물조물 토닥거린
좌선을 풀어 가슴에 간직한
눈사람의 적선이 필요하다

장난삼아 데굴데굴 뭉친 것을
크고 작은 눈덩이 위에 포개어 놓고
장차 해골로 남을 손가락 털며
해탈의 경지 득의만면하다가
곧 돌아서면 무색한 현실인 걸

생각하기 나름으로
지금 할 수 있는 일 하나
눈사람 옆자리에 선을 그어 놓고
내 그림자 소실점 정수리쯤
태양이 꽂힐 때*
뜨거운 진앙으로 마지막

36.5도를 반납하자

*자각의 정점

거꾸로 사는 궁리

나뭇잎은 무슨 색일 때 가장 예쁠까
푸른색 아니 노랑 혹은 붉은색일 때
그러니까 여름보다 가을에 더 예쁘지

비스듬히 서북쪽 산마루에 토라진 해님
하~냥, 이물없는* 사이라고 푸대접했었나 봐
화들짝 몸단장 나뭇잎 소란 떠는 통에
고속도로 레커차 몰려오듯 귀 밝은 바람
나뭇잎은 떨어질 새도 없다

진작 때깔 날 때 잘하지
처음부터 붉거나 노란색으로 피었다가
뒷심으로 푸른색이 되었더라면
속수무책으로 삐진 햇살 떠날 리 없고
엄동 걱정이나 덜했을 것 아닌가

이제 와서
지구가 거꾸로 돌아준다거나
시계 초침더러 거꾸로 돌아주라는
무망한 소원 따위가 통할 리 만무하고

낙엽은 번제의 제물이거니
추락의 끝 난간에 씨앗을 벼리면서
내년 봄 채비나 잘해야지

*'허물없다'의 방언

돌잡이 기원

의미는 한 가지 오직
탄생의 기쁨 후 1년
촛불 하나에 모인 눈길 부풀어
돌잡이 골라잡기
오래 살라며 실타래
의사 되라고 청진기
공부 잘하라 연필
부자 되려면 세종대왕 초상화
의사봉은 법관이냐 국회의원이냐

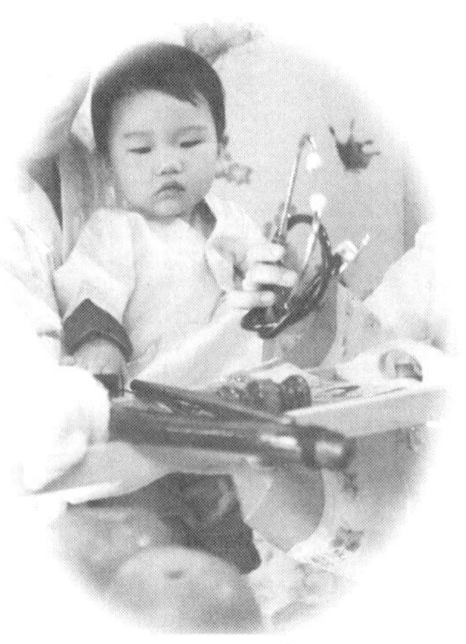

좋은 것만 펼쳐놓았으면서
운동선수 공 잡을 조짐에
화들짝 놀란 아범
아기 손 슬쩍 밀어 칫솔을 잡으니
마지못해 치과의사라고 의미부여
하는 짓마다 기특하고

발가락에 손톱까지 어미 아비 닮았으되
사느니 나를 닮지 말거라
돌 반지 밝은 빛처럼 귀하고 귀하게
그렇게 살라 비는 마음

다뉴브강의 낭만 반납

도나우강이라고도 한다
푸른 음악과 시가 흐르는
잔물결에 사의 찬미*로 옷을 입혀
현해탄에서 투신한 윤심덕 님과
부다페스트 소녀의 주검*을
한강 모래사장까지 끌고 와서
이미 세기를 거슬러 죽음의 강임을 예언한
김춘수 님은 과연 선지자셨나 보다

강물의 고요를 배반한 야경으로 유혹해놓고
구경꾼들의 헤픈 풍류만을 탓하는 너의 속셈이 무어냐
하필 이제 막 유람에 눈뜬 한국 사람들을 초대해놓고
큰비에 거센 물결 몽매한 크루즈선으로 하여금
악마의 춤을 추게 하였구나

속은 줄도 모른 채 순식간에 휩쓸려간
스물여섯 영령의 비통함이 애석하다
강물을 멈추게 하라 이제 알았으니 결코
악어의 눈물 같은 너의 낭만을 구걸하러 가지 않겠다
다만 순진한 선택으로 참혹한 만찬이 된 참상을
구태여 수백Km 하류까지 떠내려 보내지나 말아다오

그 잔잔함을 믿었던 우리가

바보였구나 다뉴브여
착한척하지 말고
다시는 손짓하지 말라
태연히 사의 찬미로서

*'다뉴브강의 잔물결'이라는 곡에 붙인 노래 (윤심덕)
*'부다페스트(헝가리 수도)에서의 소녀의 죽음' (김춘수)

들국화에게

어쩌라고
나의 초라한 모습을

그렇게 다소곳이
가질 것 다 가지고
보란 듯이 말이 없으면

봄부터 울었다는
소쩍새는 간 곳이 없고
먹구름 속 천둥소리
멎은 지 언제인데
나더러 어쩌란 말이냐

겨우 귀동냥한
미당의 시 한 소절뿐
빈손 객이 된 처지에
감히 네 앞에서
무엇을
어떻게 하란 말이냐

까치밥 하나를 위하여

아침이 익어가는 창 너머로
묵은 농장 터 울창한 덤불 속
주인이 외면한 늙은 감나무
주렁주렁 익은 감을 눈으로 따먹는 재미
이웃집 담 너머 침 흘리던 단맛이다

기다릴 소식 하나 없지만
까치가 오면 기쁠 텐데
부지런한 잡새들만 춤추듯
저토록 무단으로 쪼아대고 나면
필경 며칠 못 가서 동이 나고
정작 까치밥은 하나도 안 남겠다

시나브로 겹을 벗는 나뭇가지 곁
속수무책 맴도는 바람은
빈 그릇만 설거지하고 왜
까치밥을 다른 새들이 먹어 댈까

모름지기 누구에게도 정해진 몫은 없고
자연의 이치 또한 공것이 없을진대
오늘 아침 섭리의 문전에 서서
내 몫이 아닌 햇빛
까치밥 하나에 비켜주려고
무위의 빈손을 가려본다

황학리 과수원 설경*

황학리 산자락에 학이 살았나 본데
지금은 조용할 뿐 보이지 않습니다

그곳에 눈이 내리니
더욱 적막해 보입니다

저 고요 속에
오십 몇 년 묵은 용이
긴 꼬리를 끌고 와서
여의주 같은 것을 다듬고 있나 봐요

범상한 일이 아닙니다
눈이 그치고 봄이 오면
다시 부산해질 이 적막 속에서
득도의 목탁 소리가 나무아미타불
들려올 듯합니다

톡톡 또르르

*동생 용식의 과수원 설경

비행기 VIP석의 애환

부산 사는 할머니가 서울 아들 집 다녀가는 길
며느리 노릇 하느라 비행기를 태워 보냈다

생전 첨 타보는 비행기 신기한 버튼도 많고
화장실 다녀오는 길에 널찍한 좌석에
아무도 없어 앉았는데 VIP석이라고
승무원들이 몰려와서
할머니 자리로 가시라고 야단법석
뭐라꼬 빈자리에는 앉으면 주인 아닌교

실랑이하던 참에 옆 좌석에 신사 양반이
귓속말로 뭐라고 한마디 하자마자
식겁했다 아이가 하면서
자기 자리로 갔다

할매요 누가 뭐라카든교
그 자리는 제주도 가는 기란다
그라머 그냥 제주도 가시면 될낀데
아까버라 도로 그리 가까

손자 손녀 보는 재미

손자 보았다면서요
이번에는 손녀
축하드립니다
내가 해낸 것이 아닌 일로
대리만족하는 나이

딸아이의 태기 때부터
우리가 애들 기르던 시절과는 영 달랐다
태명이라며 불러 오른 배에 대고
길동아 하더니 단비야 초롱아
태명으로부터 한 살 더 쳐주는 지혜를
조상들은 이미 알고 있었나 보다

좋은 세상 만나
건강하고 행복하게 살아가기를

언제 앉고 설까 걱정도 팔자
앉고 서는 건 금방
돌 지나 걷기 시작하면 감당하기 힘들 텐데
옹알이할 참에 제 손에 들고 있는 것 달래면
몸뚱이 비틀어 놓치면서
내 손에 있는 것 빼앗으려고
알아듣지도 못할 혀 짧은 옹알이

정작 우리 아이들 키울 때는
보거나 느끼지도 못한
손주들의 하는 짓
그때도 저러고 컸을 텐데
사느라고 밀려난 기억이겠지

이제라도 내리사랑
솜털보다 더 보드라운 볼 향에 취해
발끝에서 머리끝까지
아무 걱정 없이 사랑할 자격이 있는
나는 할아버지다

하지와 동지

밤낮 잠만 자는 백수에게는
하지나 동지나 분별의 경계가 모호하다

하짓날 저녁 모임 약속은
동지 때보다 두 시간쯤 늦춰 잡고
반대로 해가 뜨는 시각은
두세 시간씩 빨라지는 것이라
밤낮의 길이가 철 따라 달라진다

우리 조상들은
하지 전에 모를 심어 일할 시간 늘려 잡고
긴긴 동짓날 밤엔 해찰할 틈도 없이
사랑방에 새끼 꼬며 살림 밑천 늘려 갔었지

오늘날 알람시계를 정시에 맞춰놓고
중천에 해가 뜬 후 부스스 일어나는 것을
조상님들 보시면 뭐라고 말씀하실까
저 딩구랭이*

시간의 길고 짧음이나 계절을
자연의 섭리 따라 순응하던 시절에는
못 먹고 춥게 사는 것을 다 분복으로 여겼으련만
잘 먹고 편해질수록 낮이 길면 게으름피우고

밤이 길면 끔찍한 일 다반사인 세상

하지야 동지야 어지럽다
돌지 말고 멈추어라
밤과 낮 길이를 자동으로 조절하면서

*전라도 지방의 방언 : 늘어 터진 게으름뱅이

부활 예수 이야기

예수가 죽었더라네
왜 죽었더래
못에 찔려서

머리 풀고 돌아다닐 때 알아봤어
자네들 뭔 얘긴가
응 예수가 죽었다고
예수가 누구여
우리 며느리가 아버지라 하데
그러면 자네 바깥사돈이네그려
문상은 다녀왔고
아 글쎄 사흘 만에 그 양반이
깨어나 버렸대서 못 가봤어

한 번 죽었던 사람이라 영 걱정되겠네
그때 바로 구름을 타고 올라갔다는데
언제 내려오시려는지 원
며느리가 열심히 기도하데 마는
재림인가 뭔가 얼른 해주시라고

바람난 풍선 인간

키 큰 놈이 속없기는
부러질 듯 거꾸러지다가
벌떡 일어날 때 아무도 없는데
가게 앞 지나가는
누구를 기다리나
그것이 아니라
예쁜 숙녀 분 냄새에
금방 볼 부풀리고
화들짝 놀라게 하는 재주
분명코 바람난 놈이다

그런 맘 알 턱 없는 주인 양반
이왕이면 짝 지워놓지
한 놈 아니면 둘을 세워도
치마는 노땡큐 바지 차림만
피에로가 조상이라며
춤을 추는 풍선 인형
익살인지 화난 건지
엎어지며 놀라게 할 때 하필
그 앞으로 예쁜 여자 지나간다

金堂山[*] 작명의 순간

오늘만 그런 것이 아니다
기다리던 변강쇠는 아니 오고
금당산의 새벽 옥녀봉玉女峰에는
기 보충 나선 마당쇠들만 기웃기웃

맥 빠진 치맛자락 섶에
옥녀의 야릇한 살냄새 보시
그만하면
다리품 팔아 가볼 만한 그곳

홀라당 넋을 잃었으니
비단 물결 윤슬에
옥녀를 보았겠다

깃대봉 끝 불그스레한 동녘
연못이 꼭 지상에만 있겠느냐
앞서가던 여인도 풍덩
금당錦塘에 젖은 듯
엉덩이가 탱탱하다

넉넉한 단풍바위楓岩 틈으로
새벽에 다녀간 옥녀 기척에
아침 공양 부지런한 새

금당의 아침은 바빠지고

함평평야 찾아가던 눈먼 황새가
닳고 닳은 황새봉 팔각정 기둥 사이로
저만큼 영산강을 휘돌아 가버린 듯
진월眞月동에서 진짜로
달이 뜨는 곳

金堂山도 좋지만
비단 연못 금빛 아침에는
錦塘山이라 부르자
어쨌든 금당산
그냥 금당산

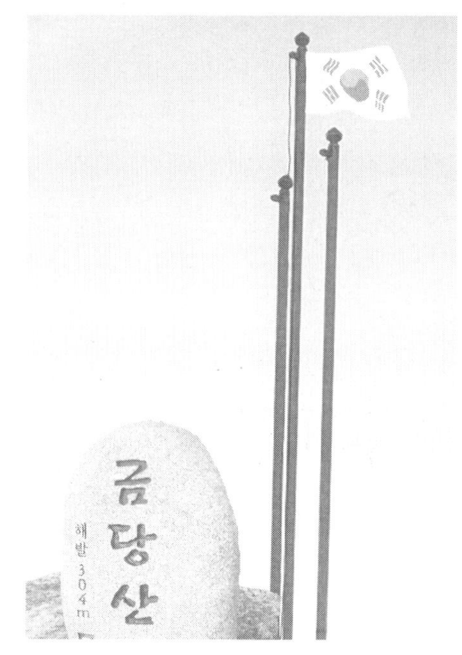

*金堂山(쇠 병풍산이란 뜻) : 광주 楓岩洞과 眞月洞 사이에 있으며 옥녀봉, 깃대봉, 황새봉 등이 있다.

가는 세월 니나노

늴리리야 니나노
놀자 판에 느긋한 추임새
어깨춤이 절로 난다
그러고 살 때가
참 좋았지

눈 깜박할 순식간瞬息間보다
100배나 더 짧다는
찰나가 인생이라

1분도 기다리면 길고
하루살이 고단해도
1년은 금방 시무룩한 그믐달

하던 대로 태평한
니나노 춤 행간에
나노 초침이 까딱까딱
10억분의 1초라니

세월을 나노로 등분하면
빛이 30cm 가는 속도이므로
찰나를 놓치고 산다는 것은
결국 한없이 무량한

가는 세월 나나노

삶이란 흐름의 척도가 아니라
채움의 여백 같은 것

*나노초 : 10억분의 1초(빛의 30cm 진행 속도)

가위바위보 법칙

게임 법칙 하나
가위는 보를
바위는 가위를
보가 바위를 이긴다는 것

실력 말고 다 이기는 법
눈치에
속임수
뒷거래-너는 보만 내라
나는 가위
너는 보— 지더라도 걱정 마
거시기도 보를 내면 내가 먹고
바위를 내더라도 빅

게임 법칙 둘
눈치도 안 통하고
속임수 아니라도
한 사람만 꼬드기면
언제나 남는 장사
월드컵 노름에서
심판만 꼬드기면
상대방 꼴 문전
넘어지기만 잘해도 되거든

휘슬이 울리고
승리는 바로 너

*러시아월드컵 16강 좌절에 붙여

산중 무인텔 유감

세상 탓 남 욕할 것 없다
단속카메라 용케 피해서
국도를 달리다 보면
기억의 껍질을 따라
쾌쾌한 얼룩이 걸어 나와
허기진 나그네의 삿갓 차림
산중 무인텔을 자주 만나게 된다

여관이나 모텔이 아니라
기도원이나 있을 법한 그곳에서
김삿갓의 풍자를 빌리자면

山中無人 산중무인
基所何品 그소하품
內入濕濕 내입습습

산중에 인적도 없는데
소가 하품할 그곳에 어찌 된 물건이냐
안을 들여다보니 내 입이 씁쓸하다

'주인백'
죄송합니다
콜록콜록 많이 아파서요

독감 예방주사는 없으나
만성 인플루엔자* 백신은
여기 있습니다

*만성 스트레스

밤송이의 생애

저문 가을 산행 길섶에
한 생애 벗어놓은 밤송이가
맨발로 밟아도 아프지 않을 만큼
송이의 위력이 바닥에 엎디었다

좋은 시절 오월에
비릿한 유혹으로 벌떼를 끌어들여
힘센 놈 침 한 방에 꽃잎이 닫히고
마침내 잉태한 알밤의 속살은 순백
반질반질 연하던 거죽이
갈색으로 무장하고

수백 개의 촉으로 무장한 담장 속에
감쪽같이 꿈틀거리는
벌레가 숨어있었다

여름내 부풀어 만삭이 된 두려움에
저절로 옥문이 열리고
마른 땅에 곤두박질칠 때
다람쥐보다 먼저 발겨 가는 사람이 있어
무장해제를 당하고 나면
당당했던 밤송이의 생애는 끝이 나고
견고했던 껍질은 전사한 패장의 갑옷이 되었다
부러진 침 끝에 제 몸이 찔리면서

4부 사랑으로

아름다운 동행

ㅂ을 공유하는

가만히 들여다보면 사람입니다.
토끼와 거북이의 경주에서
거북이가 이겼다고 합니다

거북이를 얕보고 잠을 잔 토끼의 잘못이 크지만
토끼 앞을 살그머니 지나가서 이긴 거북이도
결코 떳떳하지는 못합니다

"토끼야 일어나!"
깨워서 함께 가는 것이야말로
아름다운 동행입니다

기진맥진한 거북이를 도와
언덕을 함께 내려오는 토끼 모습도 말입니다

그리움의 끈을 안고

언제 우리가
밤하늘의 한 곳이라도
함께 바라본 적이 있었던가요
그대
멀리 있지만 늘
살결 스치는 느낌으로 끌어당겨
함께할 때만이
외로움을 밀어낼 수 있을 겁니다
감은 눈에 보이는 모습
귀를 막아도 들리는 웃음
겨운 몸짓 꿈속에 다가서는
나의 그리움을
부디 사랑하는 그대여
밀어내지 마옵소서

달에게

초저녁부터 몰래
누구랑 속삭이다가
한쪽 볼이 그리 닳았느냐

달콤하게 조금씩 부풀어 올라
내 누항陋巷*의 비루함과 외로움
지친 시간마저 거두어 갈 것처럼
속내를 다 내놓은 보름달이 된 후
날마다 조금씩 늦어지는 연유가 무엇이냐

너만을 바라보다 무거워진 눈꺼풀 위에
다시 내려앉는 누추한 그리움
그제야 건성으로 대하던 별빛이 보이고
앉은 자리가 눅눅해지는 새벽

시나브로 닳아서 희미해진
너의 볼을 쓰다듬을 새도 없이
빼앗긴 시간과 아쉬움을 먹어 치우고
매번 너의 애무를 무정하게
뿌리치는 자가 누구냐

자연책에서 배우기로는
일구월심 지구를 따라 돌고 돈다 했는데

왼쪽 오른쪽을 번갈아 허물리고
다달이 채이면서 아직도 정나미가 남았느냐

그 사연 궁금해진 인공위성이
맥없이 오고 간 세월
누란의 난간이 아득하다
달아! 더 늦기 전에 돌아오는 섣달그믐 밤
남루한 보자기에 세간을 챙겨 둘 터이니
나와 함께 떠나자 굳이
정처를 밝히자면 막연히 먼 우주쯤으로

*누항 : 사는 곳을 낮추어 부르는 말

노년의 꿈

꽃잎이 시들어 모두가 외면할 때
씨주머니에 담기는 것은
외로움일까
새로 피어날 꿈일까

나만의 것 혹은
누구나의 것으로
있었는지 없었는지조차
확실하지 않아서
버린 적이 없으니
찾아 나설 것도 없는
나의 꿈

난처한 노을빛에
막연한 밤의 영접을
망설이다가
아침이 오면 다시
막연해지는

겨우
작은 풀잎 하나와
돌멩이 한 개 같은
그건 꿈이 아니라
두고 갈 사랑

글쓰기와 그림의 맛

누구든 하늘을 보면
좋은 생각을 하게 됩니다
막내딸 세은이의
학교 백일장 작품 액자를 보면
알 수 있습니다

하늘에다 그림을 맛있게 그렸다네요
먹고 싶은 것 다 그리려다
못생긴 짝꿍 얼굴까지 그렸으니
행간보다 하늘이 좁아지고
예쁜 엄마 못 그릴까 봐
맛있는 것 더 못 챙긴 채
서둘러 유턴을 합니다

다행히
하늘 가득한 먹을 것은
빨간 저녁노을 속에
그림으로 숨겨지고

누구나 다시 볼 수 있는
이렇게 예쁜 글씨로
지금까지
남아있습니다

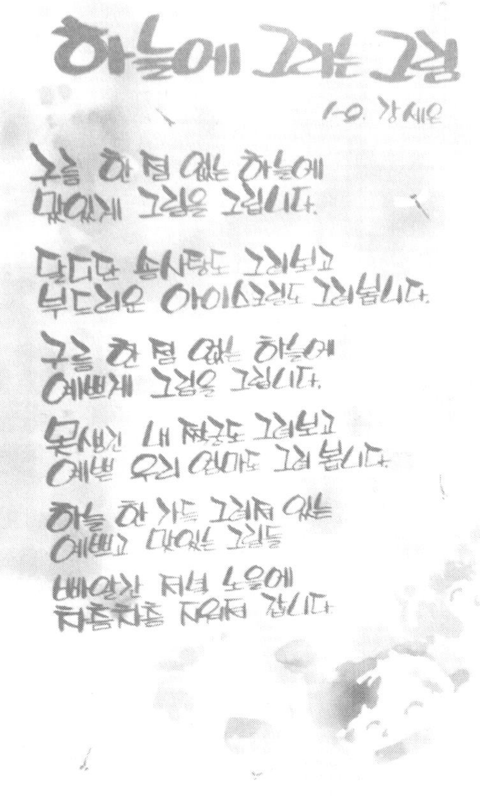

사랑과 이별의 등식

계곡을 따라가다 보면
큰 돌덩이 아래 낙수 지점에
구만리 먼 곳을 돌아온 이력으로
깊어지거나 다시 낮아지는 물결 사이사이
등심원의 중심은 블랙홀
낯설게 떨어지는 낙엽 하나가
하얀 무리의 거품을 만나
얼결에 빙글거린다

사랑이라 할지 혹은
이별이라 할지
착각이라도 좋으니
사랑이라 하자
윤슬의 유혹에 귀가 멀고
눈을 감아도 선명해지는 황홀경
도무지 가고 오는 세월쯤은
비껴가면 그만인 줄 알았다

항상 시련은 있고 사랑이란 영원할 수가 없다
훼방꾼 심술이 장소 불문 바람을 타고 와
거꾸로 출렁이는 낙수효과에 은밀한 애무는
시나브로 댄스 트랙의 끝자리로 밀려나게 되고
기댈 곳 없으니 그냥 보내야 함을 안다

몇 억겁 후에나 다시 만나게 될지 모를
거품은 사라지고 기도로서

사랑은 오래 참고
온유하며

노년의 그리움 추억 그리고 사랑

아직은 갈 곳이 있어야 한다
그리움에
스며드는 아련함이 있어야 한다
추억으로
그러니까
사랑을 위하여

기력 있을 때 마음이라도 보낼 수 있는 그리움
생각할 수 있는 데까지는 아직 달콤한 추억
가고 오는 사랑은 황홀한 쾌감의 도취로서
사대육신 성할 때의 더할 수 없는 호강이지

사랑이 밥 먹여주나

생각까지도
비집고 들 틈은 사라지고
들숨 날숨 점점 잦아들어
꽉 막힌 속에 새소리 바람 소리
산에 오르기조차 숨이 차다

그리움도 추억도 사랑도 차츰
가고 올 틈새가 없다
보이지도 생각나지도 않을 만큼

피할 수 없는 세월
끄집어낼 슬픔까지도
멀어져 가는 순간

나팔꽃 사연

할 말이 너무 많아 나팔 모양으로
밤새 목을 늘이느라 덤으로 길어진 넝쿨
허물어진 일렬종대 매달린 고개가
아침 햇살에 무력하다

수상한 마당쇠 거동에
심란한 내 임은 귀가 막히는데
쌍나팔 마련이 무슨 소용이겠소
피자마자 질 거면서
맥없이 치장만 했던 것 같네요
임이여 단연코 나 여기
내일 아침 다시 올참이니

통꽃부리 아랫목을 유심히 들여다보시구려
잘린 성대 못다 한 말 씨가 되어
한 주머니 가득 담긴 사연을 누가 알아보겠소
새끼줄 하나 살짝 메어주시면 나는 그대로
까맣게 당신 곁이 되오리다

많이와 또

많이 사랑하며 또 사랑하리라

오거나 가거나
거기에 당신은
항상 웃고 있었지
둔감한 객으로 살아 온
무심한 세월

이제라도 미망을 걷어내고
많이 사랑하며
또 사랑해야지…

그리움이 머무는 곳

동그란 귀가 처마 끝에 걸리고
기약 없는 소식 기다리다
어느 심란한 소란에도
걱정 없을 적막

망설이던 그리움과 가진 것 다
풀어놓은 녹색 소망까지도
아무 욕심 없이 널어놓은 고요

자연히 그럴 수밖에 없었다는
애절한 사연으로
신선놀음에 도낏자루라더니
닳고 닳은 삽자루가 그렇게
세월을 감당해낸 가을

단풍잎에 민낯 붉히던
사랑이여, 차마 말 못 했던
그 사랑이여

기다림이 얼마나 간절했으면
초겨울부터 저렇게 하얀 눈으로
한 가닥 그리움을 끌고 와서
이리도 내 마음을 설레게 하겠는가

딸아이 85

까만 머리
딸아이
똥그란 두 눈

머리에 예쁜 리본
꽃잎 속 공주

행여 고인 눈물
여미는 아픔

작은 손등
딸아이
아장아장 걸음마

휘젓는 허공엔
커가는
우리의 보람

빼앗긴 별에도 사랑이

왜 이제야 보고 싶은 걸까
사랑이 빛날 때나 보이는 별, 비로소
그리움을 만지다가 찾아내는 별은
늘 그 자리에 있었을 텐데

볼 것을 미처 못 본채
잃어버린 소중한 것에 대하여
반전을 클릭하고 보면
그 사랑도
이미 재가 될 뻔한 그리움도
지나 온 그 행간에 있었다

어둠에 별이 빛나도
제 눈에 안경이거나
콩깍지가 쓰일 때라야 보이는 것
너무 밝히다가 놓쳐버린 사랑
그 연줄로 그리움도 생기는 것을
밤이 와도 외롭지 않을 때
그리움이 없으니 별 볼일도 없고

한 번도 절실해 보지 않아서
놓칠 것도 없는 빼앗긴 별빛 속으로
사라져 간 내 사랑은

먹색 밤하늘 끝 어디에서 지금
저 별을 보고 있는 누군가의 것이리라

그래도 할 말이 없다
진정으로
사랑할 줄 모르는 나였으므로

숨바꼭질

꼭꼭 숨어라 머리카락 보인다
어디 어디 숨었냐
꽃밭 속에 숨었다
찾는다

안 나오면 쳐들어간다
쿵 짝–쿵 짝
어디 갔다 왔냐
똥 싸러 갔다
쿵 짝–쿵 짝

어디 어디 숨었냐
내 맘속에 숨었지
찾아라
못 찾으면 쳐들어간다
쿵 짝–쿵 짝

어디까지 왔냐
당당 멀었다
사랑의 불씨 하나
남대문이 열렸다
다 왔다
쿵 짝–쿵 짝

못 참겠다 꾀꼬리
머리카락 보여줄게요
사랑하는 그대여
나 여기
어서 빨리
찾아주세요

카스토퍼 입장

스톱
후진할 때도 멈춰야 한다

과속 단속은 길에서만 하는 것이 아니다
반질반질한 바닥 네모진 틀 난간에서
그 일을 하느라고 우리는 평생
서로를 바라만 보는 망부석이 되었다

어쩌다가 불빛이 환하게 비치고
풀어주나 했더니 덜커덕 턱이 받히는 아픔
고약한 매연에 숨이 막히는 열기
온갖 때가 다 묻은 바퀴로
안 그래도 검은 내 얼굴을 눌러대는 천형

앞으로 치달릴 수도 없는 곳에서
평생 다가설 수 없는 짝을 그리다가
임무 수행 중 조마조마 맘 졸이는 나를
그다지도 무시한단 말인가

나도 한번 멋지게 사랑하고 싶으니
살며시 조금씩 다가오라
가망이 없어 용서할 마음도 없고
순응하고 싶으나 온종일 너무 어둡다

여기는 지하 주차장이다

은행나무에 대한 충언

귓가를 스치는 바람이 차가워질수록
튕겨내는 소리는 점점 커지고
벗은 은행나무 촘촘한 가지에
외로움이 씀벅인다

작년에 벗어놓은 노란색 원피스를
다시 입고 나왔으니
싫증 난 가을이 서둘러 비껴가고
쌀쌀맞기 얼음 같은 겨울 찾아 떠나지

세상에 많고 많은 색깔 중에 하필
해마다 샛노란 치장을 하였느냐
순진한 애인처럼 수수한 척이라도 했으면
애원하는 너를 두고
그리 서둘러 갔겠느냐

세상 이치가 그러하니
내년에는
다른 옷으로 한번
갈아입고 오너라

열 수 없는 마음의 문

개 짖는 소리보다
바람 소리 더 크게
고향집 녹슨 철문이 흔들리고
어머니의 한숨에 긁힌 자국인 듯
빛바랜 초록색 페인트가 들떠서
피 색 소리를 냅니다

더하여 비까지 내리고
빗물에 빽빽해진 돌쩌귀와
굳게 닫힌 문
닫혀 있기로는 녹슨 철문이나
내 마음이 조금도 다르지 않습니다

혀가 굳어 녹슨 문안 인사
어머니!
목젖 눌러 부르는 소리에
문패 대신 펄럭이는 주소 딱지 민망한 듯
오래된 마음의 병 하나가 하염없이 옮아 듭니다

불효! 비는 계속 내리고…

자를 수 없는 끈

올여름 농사일
힘든 사실 아는 사람 다 아는데

겨우내 언 땅 고랑 칠 때부터였으리라
강냉이 씨앗 모로 세우며 점지한 몫
연한 싹 잘라 먹는 천적 마음 졸인 끝
더 여물 들어 맛 넘기 전에
우리 아제*한테 보내야겠다
택배 주소 확인하시더니

터질세라 터질 듯 꽁꽁 묶으신 끈
팔십 넘은 형님 내외 매운 손끝
끈이란 더러 정이라고 말하는 것
함부로 칼을 대어 자를 수가 없다

보내는 정 엎드려 풀어야 할 매듭, 매듭
아버님 생전 자식들 챙기시던 모습
옹이 박힌 손마디를 닮은 듯
눈물 줄기 길게 늘인 바늘귀 틈새를 비집어
열두 마디 꽁꽁 묶인 것 겨우 풀고 나서야
울 듯 말 듯 형수님께 염치없는 문자 답신
"형수님! 이끈 너무 풀기 힘듭니다."

다음부터 정 서운하시거든
조금 아주 조금만
살며시 묶어 보내주세요

*阿弟 : 남편의 남동생에 대한 애칭

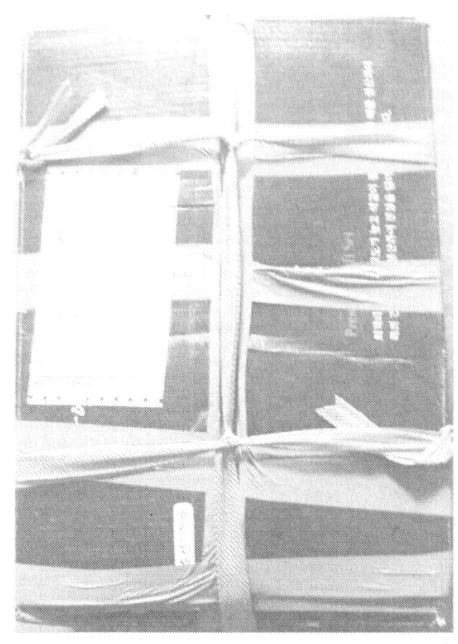

寒來暑往

더워서 죽겠다고 말하면
그냥 해본 말인 줄 알았다
유치원 통원차량 속 일곱 시간
찜통더위에 갇힌 네 살 소녀
얼마나 몸부림치다가 죽었을까
뜨거운 방에 갇혀서도 고드름 달고 앉아
큰소리치셨다는 사명당께서
이런 때 그 신통술 좀 보이시지
찰한 올래 더울서 갈왕
寒來暑往
천자문 외우던 시절
그때는 이런 일 없었지

더럽고 치사한 자들
감옥 보내버리고
꼴 보기 싫은 위정자들
선거로 쓸어냈으니
이제 좀 숨통 트이나 했더니
더 숨 막히는 이런 일로
남의 마음이 이렇게 아플진대
친 살붙이들 맘이야
오죽하겠는가

아가야 부디 꽃피어 서늘한
좋은 곳으로 가거라

아버지

할아버지로부터 이어받은
하늘 天 따 地
박토 몇 마지기
소 몰아 곡괭이로
옥토를 일구고자
당연히 땀 흘려
웬만큼 이루신 평화
공장도 세웠던
우리의 아버지

상기도 땀 어린 석양에
단장 하나 받아 든 손
내일의 아침을 향해 사라져가는
노을 녘 웃음으로 삼키시며
당신의 아들을 위하여
허리를 굽히시는
우리의 아버지

당신께서 옥으로 빚어 놓으신
A B C
예사로 뒤집어
天地를 호령하는 지금
또 다른 아버지로 늙어가는

당신의 아들을 위하여
주고자 할 것을 다 베푸신
우리의 아버지

저녁 진지 남기시며
손수건 적시는 웃음
하늘이 알고
땅이 알 것이다

*삼가 선배님들의 퇴진에 붙여(83 국세지)

〈會員文苑〉

〈詩〉

아 버 지

姜 点 植
(順天 稅務署)

할아버지로부터 이어 받은
하늘 천(天) 따지(地)
박토 몇 마지기
소 몰아 곡괭이로
옥토를 일구고자

당연히 땀흘려
웬만큼 이루신 평화

아침 속으로 사라져 가는
노을녘 웃음에 삼키시며
당신의 아들을 위하여
허리를 굽히시는
우리의 아버지.

당신께서 옥으로 빚어 놓은
A B C
예사로 뒤집어
천(天) 지(地)를 호령하는 지금
또 다른 아버지로 늙어 가는
당신의 아들을 위하여
주고자 할 것을 다 베푸신
우리의 아버지.

저녁 진지 남기시며

선풍기 모자

가문 여름 갈라진 논바닥보다
TV가 더 뜨겁고
물 대신 땀을 먹고 자라
익어가는 나락*

어떻게든 한 달만 이겨내세요
큰집에 팔순 넘긴 형님 내외
벗은 머리 짠한 마음

한순간 웃으며 써보시라고
선풍기 모자 한 세트
수건 맞잡이로 보내드립니다

*벼의 방언

5부 뒤돌아보면

그림자

검은 찌꺼기 자고 난 흔적
돋은 아침 긴 그림자를
지우려다가
무참히 잘린 한낮

지우려 할수록
타버린 검정
떼어낼 수 없는
나의 곁

기울어가는 저녁나절엔
다시 길어져
서럽게 눕는다

초등생의 가을!

내 입이 저절로 벌어지고
거두어들일 열매
영문 초등학교 운동장 가득

계절이 바뀌고 세월이 가도
변함없는 것은
나와 당신의 사랑입니다

나 정 시현은
무한 도전
Full of ambition

지려고 뜨는 해

12월 31일 아침에 뜨는 해는
오늘 하루가 더해지면

364일 동안
달의 볼 왼쪽 오른쪽을
번갈아 갉아먹다가*
붉게 충혈된 눈으로
서산 그림자 끝을 잡아당겨
365일째인 한 해를 넘기려고

내일 아침 또 같은 해로
새로운 한 해를 마련하여
그 나물에 그 밥
변함없는 레시피
잊은 듯 입맛 다시게 하는
게놈genome의 고리 틈에
망각의 빛이 되어

언제까지나 누구에게가 아닌
누구에게나
바뀌면서도
바뀌지 않는 흐름
그렇게 대물림으로

그리고 역사
내일을 12월 32일이라 않고
새해 첫날로 정해주신
조상들의 지혜

*상현, 하현달 표면의 변화

365일 동안 살아온 경이로움

흘러가는 물은 고작 H_2O 수소 두 덩어리 산소 한 움큼으로

말없이 흐르거나 거역하지 않고/증발하거나 칠흑 땅속 깊이 묻히더라도

묵언 수행자의 길을 간다

같은 물이면서도 폭포수나 소낙비 같은 분노는 자신의 체벌로 부서지고/흐르는 물이 한다는 말은 고작 졸졸졸 도솔천 행

세월도 그와 같아서 굽이지거나/막히거나/허송하거나/늘 그대로 혹은/시끄러우면 아프고/조용하면 그럭저럭

인간은 심약해서 기대거나/숨거나/슬퍼하거나/포기하거나/스스로 절망하지만

수십조 개의 세포로 매초 50만 개의 세포를 반복 치환하고/1분도 채 안 되는 시간에 한 바퀴 10만km가량의 혈관에 피를 공급하는 거대한 구조물의 압축이 인체라는 사실과/부모로부터 물려받은 32개의 이빨로 365일 세 끼 식사를 맛있게 함으로써/그 경이로운 작업을 수행하고 있다는 것을 도무지 체감하지 못하고 살아간다는 것은/오염된 무임승차 DNA 탓이리라

한 걸음 더 들어가서 1조라는 숫자는 1억이 만개/ 10조면 십 만개/성인 남성의 세포가 대략 60조 개라는 사실을 상기하고 보면/

그것들이 벽돌이라고 가정할 때 1억 개씩 6십만 개의 벽돌과/지구 둘레가 4만km 십만 리 강물일 것에 비하면/혈관은 무려 25만 리/지구를 2.5바퀴 돌아가는 강물의 길이가 된다니 놀랍지 않은가/우리 몸뚱이 하나에서

지난 한 해 동안 아무것도 하지 않고 밥 먹는 일만 해냈다 치더라도/이렇게 엄청난 일을 해낸 것으로 생각하면/사실 우리는 모두 위대한 삶을 살고 있다는 것/가는 세월에 감사해야 할 일이다

*각종 데이터는 인터넷상 자료들을 인용하여 임의로 역산한 것임.

엉뚱한 분리수거 부탁

뭘 몰라도
한참 모르는 소리

설거지통에서는
흘려보내는 것과 버릴 것으로 나누어진다
흘러가는 것은 자연으로 돌아가는 것이고
버려지는 것이 다시 쓰인다는 역설
분리수거 대에 가보면
잡동사니들 굴러가는 사설이 심란하다

박스나 종이는 다시 환생한다 하고
페트병과 플라스틱은 거기서 거기
깽깽거리던 깡통은 쪼그라져도 귀하신 몸
모래밭 그리워 속 태운 빈 병은 파삭파삭 던져지고
얇지만 쇠심줄 같은 비닐은 뜨거운 맛을 봐야 할 판

문득 두루마리 같은 내 몸뚱이의 꼭지가 궁금해지고
기부 천사 장기 기증서에 쓸 만한 품목이 막연하다
이대로 분리수거 대 박스 위에 눕히거나
종이 부스러기에 섞일 수도 없고
플라스틱이나 빈 병과는 아주 딴판인 데다가
깡통 속에 던져봤자 소리도 안 날 불량품

내 몸은 분리수거 축에도 못 들고
통째로 원심분리기라는 것에 고속회전 시키면
영혼은 도솔천 행 언감생심이겠고
산소나 수소 또 무엇들이 될 육신은
자연으로 돌아가게 하여라
하나 마나 한 부탁이지만

닭 쫒던 개

–2018년을 보내며

작년은 닭띠
올해는 개띠

짧게는 시간
길면 일 년
더 길게는 세월

시간은 흘러도
억겁이나 순간이나
찰나의 연속
세월의 매듭은
한 뼘 두 뼘씩

어제 같은 오늘
오늘 같은 내일
내려놓을 수도 없고
짊어지고 가자니 무거운
세월의 마디가
하루요 일 년

날아가 버린 닭 쫒던 개
지붕만 쳐다보는 12월

빈 그릇 탐내는 돼지가
내년은 기해년
새해 복 많이 받으라고
꿀 꿀 꿀 꿀

공동묘지
–매장의 종말

자네 어디 가는가
공동묘지
뭣 하러
기름 넣고 유油
세차洗車하고
북망산에

가봤자
만원이라
납골당으로
돌아가는 길일세

참 그렇지!
자네 진작
거기 간 줄은 알았는데
몸 따로 맘 따로
가루가 됐으니
헤매고 다녔군그래

금메 말이시 영축 없이
자네 몸 부스러기도
그곳에 있을 텡깨*
나랑 같이 돌아가서

찾아보세

감[去]-가세
소所-그곳으로
고우GO-가보잔 말일세

*테니까의 사투리

순백의 꿈이 깨어질 때

눈이 내리는 것을 보고 있으면
내리는 것이 아니라
올라가고 있다는 생각이 들 때가 많다
눈이 내리는 것이 아니라
내가 천천히 땅 아래로 내려앉는 것 같다

마냥 너울너울
좀처럼 내려앉을 것 같지 않던 눈이
수렁으로 파묻힐 운명을 거부하는
나의 꿈속 몸부림으로 밤새
이불 속 솜털 틈새를 비집고 나와
온 세상이 하얗게 쌓여있다

얼마나 몸부림을 치다가
덕지덕지 때 묻은 세상의 치부를
순백의 가운gown으로 덮으려 했던 것일까
아무도 밟지 않은 이른 아침 눈 덮인 길은
함부로 지나가기가 미안하다

내 더러운 신발 바닥을 아무리 털어낸들
저 고운 태초의 순결을
어떻게 간직할 수 있겠는가

아무도 밟지 않은 눈 덮인 길 위에
달랑, 느낌표 하나 긋고
서너 발자국 나선 큰길 바닥
금세 오염의 질주—
자동차 타이어 자국이 현실로 다가와
내 하얀 선망의 꿈을 산산이 깨어버린다

안 가본 사람이 이긴다
–속담 인용

시골 영감 서울 딸네 집 다녀오는 길
광주 사는 친구 강 생원 집

어이 친구 잘 지내는가
아니 오랜만에 웬일로 연락도 없이
글쎄 한양 다녀오는 길에 들렀네
아이고 촌놈 출세했구만
금매 말이시 역시 서울이 크긴 크데 그려
존데 구경했는가

말도 말어 사위 차 타고 가는 디
숭례문이라고 하는 디서 차가 맥혀각고
찬찬히 좀 봤더니 글씨가 참 명필이데

남대문도 구경해봤는가
아니 거그까지는 못 가봤어
가만있자 어디 뒀더라 우리 손주가 그린 그림

이거 남대문이라고 이 글씨도 명필이지
숭례문 글씨허고 같은 것 같기는 허네 마는
아 이 사람아 이거 안평대군 글씨체라고 유명허시
그래이-잉 담에 가면 찬찬히 한 번 더 볼라네
보나마나 맞딴 말이시 남대문
아따 이 사람 입이 서울이시

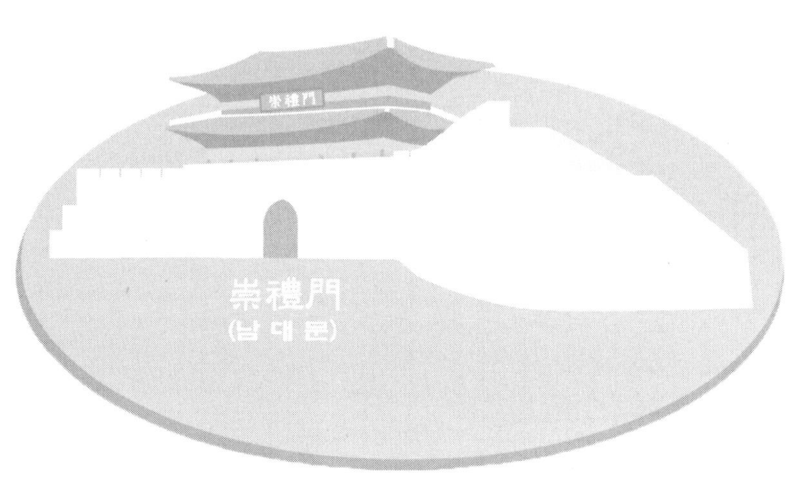

백악기 시대-임진왜란

아인슈타인의 일반 상대성 원리로
5천 500만 광년의 블랙홀을 발견했대서
세상이 떠들썩하더니
그전 백악기 시대에도
임진년은 있었을 것이고

바다의 암모나이트 같은 작은 것들이
공룡의 심기를 건드리는 바람에
Jimin이라는 장수가 있어서
티라노사우루스 모양으로 군함을 만들어
출격했던 모양입니다

힘으로는 다 해봤으나
끝내 지구의 중생대 지질이 뒤집히고
공룡이 멸종했지만 다시 약 430년 전
임진왜란 때 이순신 장군이
티라노사우루스 군함을 본떠서
거북 보트-Turtle Boat-를 만들었음이
밝혀졌습니다

아인슈타인도 이순신도
그것을 알아낸 지민 어린이도
모두 훌륭한 사람들입니다

*6세 지민이의 상상력에 놀랐습니다.

가난한 가족의 다짐

고단한 가족들에게
내가 늘

저 산만 넘어가면
편하게 살 집도 있고
바라던 유토피아가 있을 것이라
말했습니다

그런데 갈수록 산입니다
그래도 살아가야 하므로
이 산을 넘어가야지
어찌하겠습니까

없는 힘을 내서라도
가노라면 또 살다 보면
막연하지만 그런 날이
와 주지 않겠는지요

설령 그런 날이 영
오지 않는다 할지라도
우린 여기

저 산은 희망 이 산은 현실

내 이름은 3개

가뭄에 콩 나듯 고향 쪽과 전화할 때면
점식이 아제라야 통하고
동생 형님 삼촌 앞에도 점식이가 붙는다

떠난 지 반세기 흘러간 세월에
타향이 된 고향이지만
나의 옛 이름 점식이는 여전히 고향이다

촌놈이 번들거리는 사회생활에 티 내느라고
지금의 이름으로 개명한 속셈은 촌티
강점식 씨를 급하게 부르는 사람마다
감점십 씨란다고 핑계를 대고

운명으로 이마에 찍힌 붉은 점이 있어
외할머니가 점석이라고 부르던 것을
동네 구장께서 돌석 자 쓰기는 그렇고
점식点植이라고 출생신고 해 그나마 다행

암호처럼 찍힌 점을 사라지게 한
신령스러운 이름자를 부적 떼어 내듯
셀프 개명한 덕으로 대충대충 살았으나
시인 행세하는 것도 그 덕인지 모르겠다

나이 들어 수구지심인가
겉으로는 영준이
속으로는 점식이 점석이도
고향처럼 아늑하다

애물단지

염천 칠월 배토坏土로 빚은 항아리
장독대 앞줄에 세운 정성
씻고 문질러 투명한 검정을 열어
장 담글 치성으로 짚불 소독
손 없는 날 택일
메주에 흰 소금 맑은 물 채워둔 것

없는 듯 삭였다가 다시 칠월
뚜껑 걷어 들여다본 그 속
비친 하늘 푸른색 간 곳 없고
메주에 소금까지 맑은 물 녹인 색
곱게도 익었다며 새끼손가락 적신 장맛에
잔잔히 이는 무색 물결

분명코 닮았구나 어머님 얼굴
주름에 깊은 정 저리도 검게
빌고 빈 사연 장맛뿐이겠는가
보물단지 새끼들 무병 무사
제발 덕분 빌고 빌며 키울 적에
꿀단지 빨아먹던 자식들을 위해
장딴지 굳은살 배기도록
애물단지가 되었구나

무던히 보낸 세월
빈 장독대 봉숭아도 피지 않고
늙은 어미는 홀로 애물단지 취급당하다가
유골 항아리 들고 이제 와서
애끓는 검은 색 근조 리본
불효막급 애석하다

임실 사선대에서

마이산 신선도 아니면서
운수산 신선 그도 아니면서
속없이
네 선녀를 넘보다니
뜬구름 같은 이천 년 전 이야기
꽃피는 춘삼월도 아닌 이 마른 계절에
무슨 선녀 타령이냐

호국원에 모신 부모님 덕에
1박 2일 별미 식당에서
오리주물럭
메기매운탕
후식은 식후경

화기애애 형제자매
신선놀음 따로 없겠고
선녀보다 고운 정 담아내니
우리가 신선이요
그대들이 선녀로시

철쭉이 피는 사연

봄비 내리더니 누가 오능갑다
이 후진 구석지에 오기는 누가 와

삼동 내내 시린 외로움을 털어
바람 섶 돌고 돌아

하얗거나 혹은 연분홍 지천
여기저기 한꺼번에

화들짝 휘감기는 채찍으로
욕망의 허물까지 태움시롱

어둡던 산허리를
저리도 밝게 비치능갑다

천사와 악마의 공존

야누스의 얼굴은
시작과 끝일 뿐 시종일관
겉과 속이 다른 것이 아니라
화나면 성질내고 기분 좋을 땐 웃는다

신도 악마도 디테일에 있다고
이것쯤이야 하는 곳에 악마가 있고
천사는 절실한 곳에 있다

새벽 2시 30분 묻지 마 폭행 현장
폐지를 줍던 50대 여인의 죽음을 전하는
처참한 악마의 디테일 뉴스에
수십만 국민청원은 천사들의 현신

매 맞고
죽이고
익숙한 천지
천사는 어디서 뭘 하고 있었나

홀로 일 때는 누구나 천사
디테일한 유혹에는 너도나도 악마惡魔
덧댄 편자 같은 수갑을 채우면
그때서야 천사 시늉

못 볼 것에 놀란 악마惡馬들이 한꺼번에
눈을 뜨는 순간, 순간

그 좋은 사람들 틈에
저런 나쁜 놈이?

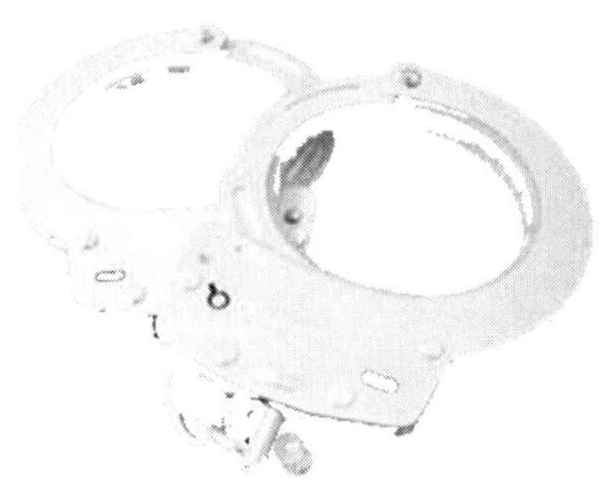

할 일은 많고 갈 길은 멀다

길이라고 했다
서 있는 곳이 그렇고
살아온 길도
몇 발자국이 아니라
시간이었고 세월이었지만
인생 여정을 말할 때
길이라고 말한다

먼 길을 걸어온 듯한데
아픈 것은 다리가 아니라 마음이다
우리가 걸어온 길은
멀고 가까운 거리가 아니라
길거나 짧은 세월일 것임에도
먼 길을 걸어왔다고 한다

아마도 인생이란 주어진 시간으로
길거나 짧은 것이 아니라
멀거나 가까운 길을 걸어가듯
한 발 한 발 걸어가야 한다는 뜻에서
그랬을 것 같다

2018년 사자성어 임중도원任重道遠
"할 일은 많고 갈 길은 멀다."라는 말도

그런 맥락으로 보면
남은 시간이 터무니없이 짧지만
나 역시 하고 싶은 일은 많고
한걸음에 두 발자국 단도리만 잘해도
아직 내게 남아있는 길도 멀다

그렇다 나에게도
할 일은 많고 갈 길은 멀다

책보자기와 폴더를 열고
- 등단 소회

네모는 ㄱ자와 ㄴ자의 합이다
크로스백처럼 등에 메고 다니던 책보자기도 네모였어
국어 산수 사회 자연 책을 마름모 두름으로 말아서 짊어지고
취학 전 글자 터득이란 생각해본 적도 없던 시절이었지

시오리 등하굣길에 가는 것이 공부요
하굣길이 즐거운 놀이라
저 녀석은 학교 갔다 오자마자 책 보따리 던져 불면 그만이여
소리를 듣고 자라서 견고한 네모의 결박은 버릇이 되고 말았다

요즘엔 컴퓨터라는 것에 폴더를 만들어 놓으면
그 안에 무진장 많은 책을 담을 수 있어서
담고 풀기는 각자의 나름이더라 마는

책보자기나 폴더나 똑같이 네모로서
던져놓거나 열어보지 않기로는
많이 닮았다는 것이 참 신기했었거든

대저 수십 년 전 책보자기 시절부터
폴더에 대책 없이 묶어두기만 했던
나의 네모지고 눅눅한 결박이 풀리고
시사문단에서 계급장을 달아주니까
아 금메*

그 네모 속에서 향기가 나는 것 같았어

더 늦었더라면 후회할 뻔했지
지금부터라도
묵은 글 항아리 폴더를 열고 ㄱㄴㄷ
ㅏㅑㅓㅕ
글 향기를 마냥 피워봐야겠어

*글쎄의 방언

퇴고의 요령

지게는 세워두고 그냥
굴릴 생각만 하느냐
머리든 돌이든
굴리는 건 좋지 않다

무겁더라도 짊어지고
솔 껍질 벗겨 만든 지게 목발
아픈 사연으로
무장 더 아파 보거라

각단지게 짐을 다독거리거나
모난 부스러기 걷어내기가
하루 이틀 요량으로
되는 일이 아니니라

아무리 잘 버무려도
반죽에 지나지 않는 것을
잘 다듬었다고 생각했으나
도로 초벌이 된다는 사실

힘으로 하는 일이나
머리를 써야 하는 일에서
미련한 놈 짐 탐이 낫지

영리한 놈 꾀 타령하다가는
될 일도 망치게 되니라

물론이라고 말할 수 있고
육필을 다듬어 가벼워질 때
가슴에 귀가 뚫려
퇴고推敲의 북鼓소리가 들리면
그때에 북채를 놓아라

제로섬 게임

동그라미는 신이 만들었다
어디든 굴러가고 누구든 가질 수 있도록
인간은 그것을 독점하려고 모서리를 만들었다
굴러가지도 남이 갖지도 못하게 네모로
동그라미보다 불편하다

모서리 다듬기로 매번 초기화를 시도하지만
만들기보다 맞추기가 더 어려운 일
어긋난 네모를 동그라미 속에 넣는다는 것은
다듬어지는 것이 아니라 부서지는 경우가 더 많아서
그 부스러기만 쌓이고 인간은
질식의 패러다임에 적응하려고 전전긍긍하게 되고

다시 동그라미로 돌아가는 과정은 제로의 회귀
만물이 사라지는

제야 82[*]

종소리가
서른세 번 울릴 때
생각나야만 할
늙은 군인의 노래가 있다
무엇을 하였으며
무엇을 바라느냐 라는
회한과 다짐으로

적어도
삼백예순 날 전
모조리 용서해버린 허虛와
설렘에 충만한 실實을
곱절로 영접한
송구영신의 포만이
고스란히 낯 붉히며
비스듬히 서 있는
어제 같은 오늘

어찌할거나
내 나이
올해
서른셋이었던 것을

*1982년 12월호 국세지

除夜 82

적어도
삼백 예순 날 전
모조리 용서해버린 虛와
설레임에 充滿한 實을
곱절로 迎接한

일상 속의 풍자와 희화(戱畵)의 시

노 창 수(문학평론가, 한국문협 부이사장)

1. 들어가는 말

시인은 시적 대상인 사물과 특별한 연계를 맺고 자신의 체험적 언어를 구현, 이를 시의 그릇에 담아낸다. 이는 음유시인(吟遊詩人) 호메로스(Homeros)의 『일리아드』(Iliad)와 『오디세이』(Odyssey), BC 600년경 최초 여성 서정시인 사포(Sappho)의 작품 이후로 변함없이 이어온 시학의 공통 법칙이기도 하다. 시인은 자신만의 언어로 사물과 연결된 내포를 드러내는 시를 전개한다. 그래서 시인이라면 모두 자기 언어를 어디까지 알아내고 뽑어내야 할 것인지를 고민하기 마련이다. 또 어떻게 하면 가시적, 비가시적 세계를 포괄하여 쓸 수 있을까도 사려(思慮) 한다. 이와 견주어 살피면, 강영준 시인이 쓰는 시는 대상에로 진입하는 풍자적 통로를 갖고 있다. 일상의 담론적인 시, 그리고 사물의 관계망을 희화화(戱畵化)한 시 등을 보여주는 면에서 그렇다.

강영준 시인은 2018년 9월에 시와 수필로 『시사문단』을 통해 등단했다. 그는 늦깎이로 글을 쓰기 시작했지만 문학수업은 고등학교 시절부터 시작해 탄탄한 실력을 구축하고도 있다. 시에 대해 오래 사숙(私塾)한 그답게 풍자와 여유의 유락(愉樂)이 줄줄 나오는 시를 습작기에 지켜본 바도 있다. 나는 그를 '조선대학교 평생교육원'에 수업한 지 7년째 되는 해에 만났다. '시의 이해와 창작반'을 더욱 내실화하리라는 기대 속의 2017년 3월, 그러니까 개강 때 중간쯤 도열된 책상에 꼿꼿이 앉아 또렷또렷 눈동자를 굴리는 인상으로 그를 기억한다. 그는 이곳에 시를 공부하던 중에 등단하며 작품을 심화하기 시작했다. 그리고 이후, 창작열에 발동을 걸어 시업(詩業)에 매진하는 중이다. 그의 열의로 보건대, 공부를 중단하지 않고 지속하리라 생각했었는데, 현직 세무사라는 업무 때문인지 그는 1년 정도 쉬는 차였다. 무더운 날씨가 운암산을 헤집고 돌아오는 7월 초 주말, 나는 그로부터 시집 상재를 상의하고 싶다는 연락을 받았다. 일순 놀라지 않을 수 없었다. 물론 쉬지 않고 창작해온 그의 근성을 모르는 바 아니었지만, 벌써 시집을 내리라곤 생각하지 못했던 것, 더구나 그 많은 시편이 그의 곳간에 가득 있을 줄은 미처 짐작하지 못한 일이었다. 하긴 시를 꾸준히 습작해온, 그가 독학으로 열공한 사람이었으니 그럴 만도 했겠다 싶었다. 평생교육원 시 창작반에서 그와 조우한 이후, 그는 누구보다도 시에 대한 관심이 깊어 매시간 질문이 많았고 강사에게 주목하는 눈빛 또한 범상치가 않았다. 주도면밀한 그는 시와 영상을 편집하는 기술도 어느 만큼은 경지에 도달해 있다. 창작반 모임 땐 좋은 장면들을 촬영하여 동영상으로 올려 동료들로부터 호응을 얻기도 했다.

우선 그의 시는 (1)서정 지향적이면서 교훈적 알레고리를 드러내는 시, (2)비판과 풍자적이며 지성적으로 드러내는 시, 그리고 (3)가족애적인 사랑의 징표로 변화하는 시 등으로 갈래지을 수 있겠다. 물론 이런 안목의 구분이란 그의 시를 보는 이에 따라 달라질 수 있을 것이나 필자가 본 소견은 그렇다.

2. 작품 살펴보기

이제, 위의 세 가지 정서적 흐름과 드러냄이 작품에 어떻게 구현되고 있는지 살피려 한다. 다만, 세 징후들에 대하여 많은 작품을 예거하지 못하는 지면을 해량하여 주길 바란다. 다음 시는 "한입에 두 귀"라는 신체적 구성을 희화화(戱畵化)한다. "잘못 듣고 헛말 하면 쇠고랑 찬다더라" 라는 말로써 '귀가 둘, 입은 하나'라는 신체 상징을 개괄한다. 즉 '말은 적게 하고 많이 들어야 한다'는 도덕을 세워 자연 천부의 인체 시스템에 비유하는 데 시적 출발점을 두었다.

뚫린 입이라고 함부로 말하지 마라
화근이 되느니라
귀가 둘이니 담을 귀도 있고 퍼 나를 귀도 있다
퍼 나르기 시작하면 걷잡을 수 없게 되나니
다른 사람도 귀가 둘인 때문이다

어즈버 태평연월이 말로써 말 많으니
말 많이 하지 말라 했다지 않느냐
한입 갖고 두말 말고
두 귀로 듣지 말고 한 귀로는 걸러라
잘못 듣고 헛말 하면 쇠고랑 찬다더라
명예훼손 애매하지만

–「한입에 두 귀」 전문

대저 시인들은 이 같은 신체의 구성적 직조에 대하여 쓰는 경우는 두 가지 착안 사항을 피력한다. 즉 신체 일부를 제시하지 않고 재해석하는 일, 그리고 그것을 그대로 제시하고 사실을 구하는 일 등이 그것이다. 그대로 제시하는 직접적 역할과 기능은 해당 부위의 중요도에 대해 역설하는 특징이 있다. 그러나 이 시에서는 재해석이라는 기능을 담보하여 진술한다. 하여, 그의 시는 팽팽한 의식의 줄을 튕기는 맛도 있다. 일구이언(一口二言)을 알레고리로 내세운 시가 그것이다. "뚫린 입이라고 함부로 말하지 마라" 즉 "귀가 둘이니 담을 귀도 있고 퍼 나를 귀도 있"음을 일깨우고 있다. 험담을 서로 "퍼 나르기 시작하면 걷잡을 수 없"을 것이다. 그게 모든 이들이 "귀가 둘인 때문"(많이 들어라)이란 명징한 근거가 있다. 우리들 삶에서 깨달음이란, 사실적 정보를 바탕으로 했을 때 피부에 와 닿는 법이다. 그래서 "한입 갖고 두말 말고" 나아가 "두 귀로 듣지 말고" 그냥 "한 귀로는" 흘러 버려야 한다는 논리성의 알레고리가 성립한다. 주변엔 "잘못 듣고 헛말"을 지껄이다가 "쇠고랑"을 차는 일도 있으니까. 결국 이 시의 담론은 사람으로서 '도리'를 제시하는 게 아니라 사람의 위치에 대한 '위험'을 경고하는 셈이다. 분명 '도리'

를 강조하면 '도덕시'나 '관념시'가 되겠지만, 이처럼 '위험'을 구사하면 '풍자시'가 된다는 건 그의 다른 시를 읽으면 더 쉽게 파악할 수 있다.

원생대에 무척추동물은
그림자만 있었다
몇십억 년의 세월이
우주의 시간으로 흐른 찰나
소년은 그 비밀을 끄집어내어
황홀한 색깔의 조합으로
둥근 빛을 만들어 냈고

미망에서 깬 관객들은
그 빛을 달이라고 수군대다가
실체도 없이 의미심장한
그림자의 주인을 찾을 수가 없다며
다시 미망에 빠진다

노쇠한 짐작으로 주춤주춤
소년의 상상력을 부여잡고
달과 그림자 사이를 들여다보며
사라져버린 6펜스에 대하여
궁리해봐야 할 것 같다

–「어느 소년의 비구상화」 전문

이 작품은 시집의 표제시(表題詩)로 시인의 "손자"인 "정시현의 그림"을 보고 쓴 시이다. 어느 날 외손자는 "원생대에 무척추동물" 그것도 "그림자만 있"도록 종이에 그려 가족에게 내민다. 그림 속엔 "몇십억 년"을 지나온 "세월"이 "우주의 시간으로 흐른 찰나"가 있고, 소년은 그 속의 "비밀을 끄집어내" 보인다. 아이는 그걸 조합하고자 색깔 "둥근 빛"으로 표현해 내었다. 가족들은 이 난해한 "비구상화"를 보고 "달"이라고 말한다. 결국 화가의 "의

미심장한" 달의 모습을 찾지 못하고 서로 짐작한 내용만 주고받는다. "미망에 빠"지는 등 설왕설래하기도 한다. 그때 화자는 "노쇠한 짐작"을 무기 삼아 "주춤주춤" 그의 "상상력"으로 접근해 간다. 그래, "달과 그림자 사이"를 시적 소이연으로 유추해 보이는 것이다. "사라져버린 6펜스"를 찾기 위해 재삼 "궁리해보"지만 그 결과는 글쎄다.

프랑스의 후기인상파 폴 고갱(Paul Gauguin, 1848~1903)의 생애에서 소재를 얻은 『달과 6펜스』(The Moon and Sixpence)는 서머싯 몸(William Somerset Maugham, 1874~1965)의 대표작이다. 손자의 그림은 이 '달과 6펜스'를 닮았지만 그러나 확연히 드러나지 않은 비구상화이다. 세상의 손자, 손녀들이란 늘 가족 앞에선 내로라하는 '천재들'이다. 이 시를 읽으면 손자에 대한 할아버지의 폭넓은 애정과 사랑의 깊이를 건너다볼 수 있다.

작품 하나 선물하려고
액자 제작 의뢰했더니
어떻게
언제까지
해드릴까요

되는대로요
그게?
시간 형편 그런 것 말입니다

딴으로는 순응해본 거다

그러길 잘한 거였다
작품보다 액자가
더
걸작이었거든

–「액자 스토리」 전문

'반전의 시학'은 고정 관념에 대한 극복을 반복한 연후에 소득된 연습적 결과이다. 그만큼 시학에서 중요한 부분이다. 시에서 화자는 누구에겐가 "작품"을 "선물하려고" 표구집에 "액자제작"을 "의뢰"한다. 이에 대해 의당 주인은 "어떻게" 그리고 "언제까지" 할까요를 물어온다. 한데, "되는대로요" 하여 맡긴 자의 답이 되레 여유를 부린다. 그 결과는 더 재미있다. 기실 "작품보다"도 "액자가 더 걸작"이라는 '반전'으로 독자 앞을 막아선 이유에서이다. 사실 이 같은 반전 기법은 강영준 시학의 한 주류를 이루는 대표작이라 할 만하다.

수학자 겸 철학자 에드먼드 후설(Edmund Husserl, 1859~1938)은 역설하기를, 두 사물에 대한 편견을 극복하기 위해선 '반전의 룰'이 요구된다고 했다. 즉 사물을 거꾸로 보는 반 현상학적 사고, 그리고 '다르게' 또는 '아니게' 본, 말하자면 '삐딱하게'의 논증을 바탕으로 현상을 증명해 보이는 것이다. 사물에 대한 의식이 자의식에 선행한다는 현상대로의 그 시각 말이다. 나아가 사상과 문학에서 논의하는 '이성'도 자아보다는 이런 '반전의 시학' 즉 이반(離叛)에서 출발한다. 강영준 시인이 캐낸 반전의 시는 이 외에 「그레셤 법칙 탈출기」, 「돌아가는 인생길」과 같은 도식화의 시, 「벌의 적립」, 「참깨를 위한 변명」, 「독버섯의 비밀」, 「바람난 풍성 인간」, 「퇴고의 요령」 등에서도 발견된다.

웬만하면 이쯤에서 계산 끝냅시다
피차간에 이해타산을 어찌 값으로 따질 수가 있겠소
한 줄기 햇빛 덕분에 무성한 잎사귀 아니었다면
한 뼘 몸뚱이 선 자리 빌려준 땅에서
땀 식혀 주는 그림자를 구경이나 하였겠소

하늘과 땅 틈새에서 주고받은 광합성 사용대차
따져봐야 피차 본전일 텐데
하던 대로 합시다

아침저녁 서늘한 바람 더 용심 내기 전에

햇볕 담금질 고이 접어 물들인 환어음으로
기꺼이 임차료 선불 셈해드리고
내년 봄까지 맨몸 봉헌하겠으니

찬바람 감칠 때 벗은 몸 생각해서
하얀 솜으로 둔갑한 눈송이를 우듬지 끝에 감추시고
봄이 올 때까지 나의 빈 곁 지켜 줄
따뜻한 동장군이나 보내주시오

–「가을 나무 월동 대비」 전문

이 시는 "가을 나무"를 바라보는 화자가 행하는 독백(獨白)의 형식으로 세상을 바라본다. 특별한 점은 나무의 기원을 '경제적 용어'로 환치하여 배열한 점이다. "계산, 이해타산, 빌려준 땅, 사용대차, 본전, 환어음, 임차료, 선불" 등의 시어를 나무의 기원에 빗대어 계산적, 타산적 이해관계들을 접속시킨다. 과연 그의 세무사다운 발상이겠다. 그래, 이제 월동 대비를 끝낸 나무에게 화자는 이미 계산을 끝내고 굳이 "이해타산" 같은 걸 따질 게 없다고 말한다. 그건 "한 줄기"의 "햇빛 덕분"이다. 나무는 "무성한 잎사귀"를 틔웠을 뿐만 아니라, "몸뚱이"가 서 있는 데를 잠시 "빌려준 땅에서" 그는 "땀"을 "식혀 주는" 이 나무 "그림자"를 볼 수 있었음에 감사한다. 그 동안 "주고받은" 나뭇잎의 "광합성 사용대차"도 "따져봐야" 본전, 그러니 그냥 "하던 대로" 하자고 전언한다.

이 시의 무게 중심은 "햇볕"을 담금질해 밀린 "임차료"를 "선불해"주고 이후 "봄까지 맨몸으로 봉헌하겠"다는 대목에 실려 있다. 이제 나무는 "찬바람"이 몸을 "감칠 때" 그에게 다만 "따뜻한 동장군을 보내"주기를 희망한다.

프랑스 철학자 라캉(Jacques Lacan, 1901~1981)은 작품에서 '상징은 인간의 삶을 포장하는 것'이라 했다. 또 그는 상징체계를 구성하는 건 인간이 아니고 상징체계가 인간을 구성한다는 역발상 논리를 전개하기도 했다. 마찬가지로 이 시는 겨울나무에게서 보는 상징이 인간의 삶에 이르러 비유적이며 대비적이다. 위험한 미래를 향해 준비하지 못한 인간들에게 나무의 위의

(威儀)를 돌아보게 하는 작품으로서도 기능한다. 말하자면 겨울나무의 월동 대비가 우리들의 삶, 즉 "따뜻한 동장군"을 바라는 습관과 견주어 그 여백을 읽어내는 게 이 시의 진의일 것이다.

먹는 것 너무 밝히다가
급히 먹는 떡에 체하고
돈 먹은 사람 감방 가고
잘못 먹으면 죽는대도

곱게 생긴 버섯을 보면 왜
먹을 생각부터 하시나요
무릇 먹으란 것이 지붕 모양으로
하필이면 비에 젖어 습한 곳에
우산처럼 솟았겠소

이른 아침 뒷산 오르는 길섶 그늘에
스머프 요정들의 속삭임 여기저기
꽃으로 피는 버섯마을 천기누설
지붕 아래 부챗살 같은 서까래 틈에다
독침 하나 감추었다고

보기만 하면 아무 탈 없을 텐데
예쁜 것이 무슨 죄요
싫은 내색 제발 마시오
누가 먹어보라 하였관데
눈길조차 서늘하신가요

올라갈 때 꽃처럼 보이더니
내려올 때는 이미 시큰둥한 절망
이 세상엔 스머프 요정들이 없다며

떠날 채비 설거지 푸르뎅뎅한 떨림으로
기엉물 통에 남겨 둔 비밀스러운 말

보는 것에도 독을 타려다가
먹을 때에만 독이 된다는 것
그만하기 다행인 줄 아시고
어느 한순간만 먹을 생각 접으시면
그냥 꽃이 되어드리겠다는

–「독버섯의 비밀」 전문

시가 길지만, 핵심은 예쁜 게 죄가 아니고 보고 먹는 사람이 죄가 된다는 점을 말하고 있다. 예쁜 데에 저절로 홀려든 게 '잘못'이란 금언적(金言的) 시이다. 세상에 함정은 수없이 많다. 예쁜 것도 그중 하나일 터이다. "독버섯"은 그 말과 같이 "독"이라는 비밀 치사분을 간직하고 있다. "돈 먹는 사람"은 "감방"을 "가고" 누구든 독버섯을 "잘못 먹으면 죽는" 것인데도 "곱게 생긴" 그것을 보고 "왜 먹을 생각부터 하시"는지 버섯의 입장에서도 경계를 다한다. 이 시를 접하는 독자는 "보는 것에도 독을 타려다가" 사람이 그것을 "먹을 때에만 독이" 되도록 한다는 버섯의 최소한의 배려도 읽을 수 있게 한다. 독버섯은 사람이 먹기 위해 씻는 "기엉물 통에" 주의 말을 남겨둔다. 그걸 "보기만 하면 아무 탈"이 "없을 텐데" 내가 "예쁜 것이 무슨 죄요"라는 항변을 들을 수 있다. 이제, 버섯은 "어느 한순간" 사람들이 "먹을 생각"을 접으면 자기도 "꽃이 되어드리겠다는" 헌사(獻詞)를 한다. 하여, 이 시의 핵심 도근점(圖近點)이 말미에 가 있다. "독"이 아니라 "꽃"이 되어준다는 그 전언 말이다. 해서 이 시는 '독'과 '꽃'의 극점을 대비하는 시법이겠다.

오늘날 유행하는 '서정시'는 과거 낭만주의를 꽃피우게 한 사랑의 한 궤적이었다. 지금은 시의 보편적 개념으로 통용되었지만 '서정'이란 곧 과거 사물에게 생명을 부여하는 의미로 쓰이는 수가 많았다. 이는 서정의 양식으로 명명되어 '디티람보스(Dithyrambos)', 즉 시에 절대 생명을 넣어주는 태생의 회귀(回歸)로도 일컬어진다. 이 시에서 '독'과 '꽃'의 관계도 재해석된 회귀 의미로 발전한 경우이겠다.

부산 사는 할머니가 서울 아들 집 다녀가는 길
며느리 노릇 하느라 비행기를 태워 보냈다

생전 첨 타보는 비행기 신기한 버튼도 많고
화장실 다녀오는 길에 널찍한 좌석에
아무도 없어 앉았는데 VIP석이라고
승무원들이 몰려와서
할머니 자리로 가시라고 야단법석
뭐라꼬 빈자리에는 앉으면 주인 아닌교

실랑이하던 참에 옆 좌석에 신사 양반이
귓속말로 뭐라고 한마디 하자마자
식겁했다 아이가 하면서
자기 자리로 갔다

할매요 누가 뭐라카든교
그 자리는 제주도 가는 기란다
그라머 그냥 제주도 가시면 될낀데
아까버라 도로 그리 가까

–「비행기 VIP석의 애환」 전문

이 시는 탯말로 쓴 유머 장치가 돋보인다. 할머니는 며느리가 태워준 "생전 첨 타보는 비행기"에서 "신기한 버튼"이 많은 걸 본다. 이 할머니는 "화장실"을 다녀오며 "널찍한 좌석에 아무도 없"는 걸 보고 덜썩 앉는다. 이에 승무원들은 "VIP석이라고"하며 "할머니 자리"가 아니라고 법석을 떤다. 그러자 할머니는 "뭐라꼬 빈자리에는 앉으면 주인 아닌교" 라고 되받아친다. 할머니의 말로 시의 전개과정이 순간 동적인 애교로 바뀐다. 그에 할머니는 "식겁했다 아이가" 하면서 본래 자리로 간다. 시의 끝부분에는 또 다른 반전의 묘미가 실린다. "그 자리는 제주도 가는 거란다" 라는 할머니 말, "그라머 그냥 제주도 가시면 될낀데" 하는 며느리 말, "아까버라 도로 그리 가까" 연이은 할머니, 그 능숙하게 받아치는 말에서 시가 동적이면서도 연희적(演戲的)이게 한다.

이는 프랑스의 기호학자 베르나르 투생(Bernard Toussainr, 1947~)에 의해 제기된 이른바 '재생의 이법'으로 구현한 이미지의 표징이랄 수 있다. 시인 스스로가 인위적 거슬림에서 벗어나 순수 '자연음(自然音)'에 도달한 경우이다. 경상도 토박이인 할머니의 순수함과 인정이라는 자연음의 요소가 승무원들의 원칙만을 말하는 인위적 거슬림을 되받아치는 풍자를 통하여 인간 사이의 온화한 정서를 감득할 수 있게 해준다.

자네 어디 가는가
공동묘지
뭣 하러
기름 넣고 유油
세차洗車하고
북망산에

가봤자
만원이라
납골당으로
돌아가는 길일세

참 그렇지!
자네 진작
거기 간 줄은 알았는데
몸 따로 맘 따로
가루가 됐으니
헤매고 다녔군그래

금메 말이시 영축 없이

자네 몸 부스러기도
그곳에 있을 텡깨
나랑 같이 돌아가서
찾아보세

감去-가세
소所-그곳으로
고우GO-가보잔 말일세

-「공동묘지- 매장의 종말」 전문

언어적 펀(fun)이 중심축으로부터 통감하도록 구성한 작품이다. 가령 "자네 어디 가는가/ 공동묘지/ 뭣 하러/ 기름 넣고 유(油)/ 세차(洗車)하고/ 북망산에"라는 부분부터 단발적인 대화 문답이어서 읽는 호흡에 박진감이 실린다. 연이어 "참 그렇지!/ 자네 진작/ 거기 간 줄은 알았는데/ 몸 따로 맘 따로/ 가루가 됐으니/ 헤매고 다녔군그래"에 이르면 연극의 담화적 펀(fun)의 절정에 이른다. 나아가 "금메 말이시 영축 없이/ 자네 몸 부스러기도/ 그곳에 있을 텡깨/ 나랑 같이 돌아가서/ 찾아보세"에서는 함께 죽어 화장터 속에서 가루로 나오는 과정을 풍자한다. 그리고 "찾아보세"를 강조하기 위해 청유하듯 "감(去)-가세/ 소(所)-그곳으로/ 고우(GO)-가보잔 말일세"라는 어휘적 농조로 강조한다.

사회적 책임(social responsibility)과 사회적 약속(social agreement) 속의 문학적 기능으로 '언어적 펀' 기법을 이용하는 경우는 기호적 의미가 주가 된 현대에 올수록 점차 많아지는 경향이다. 과거에는 잘 쓰이지 않던 풍자적 언어기호가 시에서부터 활발해지면서 이제 '펀' 기법은 일반화되었고 그 운용도 더욱 빈번해지고 있다. 모호성과 감정의 직접적 진술을 거부하고 사물 묘사의 구체성을 강조하면서 이 '펀'의 방식도 다양한 형태로 발전했다.

강영준 시에서, 이 같은 '펀의 기법'으로 구사된 시가 많은데, 그 대표적 작품으로 「내 이름은 3개」, 「퇴고의 요령」, 「1+1=0이 되는 경우」, 「I GO 머리야」, 「돌아가는 인생길」, 「사람 수명의 비밀」, 「삼고초월(三苦楚越)」, 「참깨를 위한 변명」, 「김장철 사모곡」, 「내로남불 시대Ⅰ,Ⅱ」, 「돌아가자」, 「미궁」, 「어처구니없는 짓」, 「가는 세월 니나노」, 「산중 무인텔 유감」, 「금당산(金堂山) 작명의 순간」 등이다.

동그라미는 신이 만들었다
어디든 굴러가고 누구든 가질 수 있도록
인간은 그것을 독점하려고 모서리를 만들었다
굴러가지도 남이 갖지도 못하게 네모로
동그라미보다 불편하다

모서리 다듬기로 매번 초기화를 시도하지만
만들기보다 맞추기가 더 어려운 일
어긋난 네모를 동그라미 속에 넣는다는 것은
다듬어지는 것이 아니라 부서지는 경우가 더 많아서
그 부스러기만 쌓이고 인간은
질식의 패러다임에 적응하려고 전전긍긍하게 되고

다시 동그라미로 돌아가는 과정은 제로의 회귀
만물이 사라지는

―「제로섬 게임」 전문

'제로'의 기호는 동그라미이다. 한데 그 "동그라미는 신이 만들었다"는 논리적 화두가 이 시의 출발점이다. "어디든 굴러가고" 또 "누구든 가질 수 있도록" 이 시에서처럼 신의 산물이다. 그러나 독재자 같은 사람은 "그것을 독점하려고 모서리"를 만들기도 한다. 그건 "굴러가지도 남이 갖지도 못하게" 하여 "네모"로 구안된 것이다. 해서 "동그라미보다 불편"함을 깨닫는다. "모서리 다듬기로" 늘 "초기화를 시도하지만 만들기보다 맞추기가 더 어려운 일"이다. "어긋난 네모를 동그라미 속에 넣는다는 것은 다듬어지는 것이 아니라 부서지는 경우"가 더 많기도 한다. "다시 동그라미로 돌아가는 과정"이란 곧 "제로"에의 "회귀"일 것이다. "제로", 그건 결국 "만물이" 사라지는 결과이겠다. 이처럼 "제로섬 게임"이란 사라지는 것으로부터 애틋함을 발견하게 만든다.

한편, 빅토르 쉬크로프스키(Viktor Shklovsky, 1893~1894)의 『기법으로서의 예술』(1917)에서 시에 '낯설게' 함을 주사함으로써, 타동화된 시의(詩意)를 지나 자동화된 언어를 자각게 하는 과정에 대하여 상세화한다. '기표'와 '기의'의 소통으로 시의 다양한 낯설음에 비교적 익숙하게 이르도록 하는 것이다. 시의 낯설게 하기가 결국 시를 이해하게 하는 반증이 된다는 이야기이다. 위 시에서도 "질식의 패러다임에 적응하려고 전전긍긍하게" 되는 건 '기표'이지만 "다시 동그라미로 돌아가는 과정"은 '기의'의 세계로 시에서와 같이 "제로의 회귀"에 값하는 것이다. 결국 복잡한 사회 현상적 패러다임에 적응하는 건 결과적으로 "제로섬 게임"으로 환원하는 일이다. 그래서 시에서처럼 "제로섬" 속 동그라미는 "어디든 굴러가고 누구든 가질 수 있도록" 한 "신이 만든" 영역이란 게 가능해진다.

이렇듯 제로섬에 대한 독창적인 재해석으로 기표와 기의를 종행적으로 구성하여 독자의 주목을 끈다.

3. 나오는 말

이상에서 강영준 시인의 작품 면모를 살폈다. 수록된 시가 많아 전체적인 윤곽을 잡는 데 어려움이 있었지만 필자 나름대로 대표작이라 할 만한 시를 골라 평설을 붙였다. 작성 순서는 대상 작품을 먼저 가리고 엮음식 해설을 붙이는 순으로 기술했다.

그의 시적 경향은 (1)서정 지향적, 교훈적 알레고리의 시, (2)비판 풍자적인 지성적 시, 그리고 (3)가족 사랑의 징표의 시 등으로 갈래를 지을 수 있음을 서두에도 밝힌 바 있으나, 지금 그는 한창 시를 쓰고 있어서 보다 다양한 갈래를 창조할 수도 있다는 것을 열어 놓는 게 좋을 것 같다.

앞으로 시 표현의 화법과 구성적 논리를 보다 박진감 있게 짠다면 독자에게 바짝 다가가 읽히는 시를 쓸 수 있을 것이다. 이번 시집 상재를 기화로 무릇 문운이 열리고 늘 건필하기를 바란다.

그림과책 시선 193

어느 소년의 비구상화

초판 1쇄 발행일 _ 2019년 8월 12일(음력 7월 12일)
지은이 _ 강영준
펴낸이 _ 손근호

펴낸곳 _ 도서출판 그림과책
출판등록 2003년 5월 12일 제300-2003-87호

03030 서울 종로구 통일로 272, 210호(송암빌딩)
도서출판 그림과책
전화 (02)720-9875, 2987 _ 팩스 (02)720-4389
도서출판 그림과책 homepage _ www.sisamundan.co.kr
후원 _ 월간 시사문단(www.sisamundan.co.kr)
E-mail _ munhak@sisamundan.co.kr

ISBN 978-89-94753-92-8(03810)

값 15,000원

이 도서의 국립중앙도서관 출판예정도서목록(CIP)은 서지정보유통지원시스템 홈페이지(http://seoji.nl.go.kr)와 국가자료공동목록시스템(http://www.nl.go.kr/kolisnet)에서 이용하실 수 있습니다. (CIP제어번호 : CIP2019029835)